據實側寫 蕭萬長

目錄

序 走過半世紀漫漫長路

蕭萬長

我一直沒有想要寫回憶錄；一方面因為我沒有寫日記的習慣，很多事情都已記憶模糊，另一方面因為半個世紀以來，我幾乎都是在想著國家的明天、想著國家的未來，想著如何用具體做法去解決眼前遭遇的問題，實在沒有餘力提筆著書。此外，近五十年的公務生涯雖然讓我有幸接觸國際事務、拓展全球視野，但基本上我是個很傳統的臺灣南部鄉下人，只知道多做少說，埋頭苦幹。

當一百年五月底，我宣布一俟任滿即還我初服、歸隱林泉的時候，想到的是家庭天倫，友聚敘舊，以及是否能再貢獻一點餘力，繼續致力服務社稷、造福人民。我還是沒有想到為自己寫一本回憶錄。

可是當豐山兄向我提到要幫我據實記述半生工作時，我被說服了；他說臺灣的下一代不一定要知道蕭萬長，但一定要知道臺灣如何走過這段漫漫長路，而我正是臺灣歷史重要轉變過程的見證人和參與者。

我個人也喜歡讀歷史傳記，往往從中瞭解很多歷史關鍵的轉折，獲得很多教訓與寶貴智慧，讓我在面對當前問題和思考未來問題時，有更寬廣深厚的思考架構。假如這本書能夠提供年輕一代，對臺灣過去半個多世紀的發展有更多一點瞭解，對臺灣未來發展有多一點啓發，那麼我有義務說出我的工作經歷。豐山兄是我多年老友，是一位備受尊敬的資深報人，他向來論事公允，對臺灣飽滿愛心，由他來記述我所參與的這段臺灣發展史，最合適不過了。

在協助豐山兄撰寫本書的過程中，我穿越時光隧道，回顧自己走過的路。從上個世紀六〇年代末到二十一世紀第一個十年，我參與臺灣幾個重要的轉折：從國際孤立到國際化，從戒嚴體制到民主參與，從兩岸對峙到兩岸交往；每一個轉變都對臺灣歷史發展有著重要影響。

一九七〇年代開始，我與中小企業家們一起努力，開展經貿外交。對外開拓了臺灣生存空間，對內也讓臺灣經濟社會整個脫胎換骨。當年共同參與打造這段經濟「奇蹟」的企業界與政府部門的夥伴，如今雖然陸續離開了工作崗位，但他們當年的熱情與拼勁至今仍深深感動我。

一九八〇年代，臺灣同時面臨經濟國際化、自由化以及政治民主化兩個考驗。很慶幸地，我們又通過了這個考驗。國際化與自由化沒有摧毀臺灣經濟，反而成了臺灣產業升級的助力。政治民主化不只是衝擊政治體制，也震撼整個社會經濟。那個年代政府的經濟決策過程，甚至企業內部決策模式都要改變。從農牧產品進口、石化業建廠、到工資議定與工會權力爭取，面對每一個問題，我們都必須找出符合民主社會的新決策模式。如今，我們可以驕傲的說，臺灣民眾憑著智慧與高度國民素養，終能從紛亂中找到新的秩序與共識。

一九九〇年代全球化與中國經濟崛起，對臺灣帶來新一波衝擊。這個衝擊持續至今，挑戰還未結束。不過，我們也從中摸索出一條相對穩健的道路，讓臺灣持續發展繁榮。面對未來，資訊科技對人類社會帶來的衝擊是我們要正視的。網路改變了整個人類社會的互動模式，蘋果公司、亞馬遜、Google、Facebook創造的新商業模式已深深地融入我們的生活，也正在轉變整個經濟社會，甚至政治。臺灣在ICT產業有雄厚的實力可以因應這個新趨勢，但是我們還有太多工作要做，有太多基礎建設與政策要規畫，才能在這波資訊革命中勝出。

未來的挑戰迎面而來，年輕一代理當勇於承擔，我僅能以經歷過的一些故事，提供新世代面對未來的參考。新加坡資政李光耀先生，在回憶錄中提到他的寫作動機：「我想新加坡人應當瞭解，新加坡曾經是、現在還是那麼脆弱。當時我們面對種種危險，差點兒就一蹶不振。最重要的是，我希望他們瞭解廉潔和有效率的政府、社會秩序、個人安全、經濟和社會發展等等，都得來不易。」我想，臺灣也是一樣脆弱，未來每一步、每個抉擇都要審慎而負責。

豐山兄在本書中對我的工作記述或有溢美之辭，但他說我像一條臺灣水牛一樣地為臺灣拖磨五十年，這一點，我倒可當之無愧。不過，更重要的是我回顧一生公職生涯，心中充滿無限感恩；是因為許多同儕夥伴一起並肩作戰，許多長官前輩無私的教導提攜，才讓我有機會為臺灣做出一些奉獻，這是我人生最美好珍貴的回憶。

序 細說從頭

吳豐山

一

起心動念想寫蕭萬長的人生故事，是很久以前的事了；一直沒有落實，是因為總覺得蕭先生的人生使命未了，他的公職生涯還未走到完結篇。

民國一百年五月三十日，蕭先生發表引退聲明，明確向社會宣布，一俟四年副總統任滿，他就要將奉獻國家半世紀的生涯畫下句點，這時候我才認定開始提筆的時間點已然到來。

為什麼想要寫蕭萬長的人生故事？這就說來話長了。

臺灣四百年開拓史，現在回過頭去看，甚為清楚。荷蘭人在臺南三十九年，除了收購鹿皮銷往日本換取白銀，其實主要是把臺南作為遠東貿易的據點。鄭氏王朝前後二十一年，屯田為主。滿清王朝領有臺灣兩百一十三年，只做象徵性的統治，幾世代的百姓農漁為生。日本殖民臺灣五十一年，在產業政策上採「工業日本，農業臺灣」，只到後期才有一點輕工業發展。二次大戰後國民黨政權來臺，韓戰爆發，兩岸分立局勢大定後，臺灣才開始從頭做起經濟發展，朝野經過五十年埋頭苦幹，終於創造出今天的局面。這其中由於歷史因緣，蕭萬長以第一個本土經建專才，在歷史舞台上做出重大貢獻，自有他應有的歷史位置，合當讓同胞及後代子孫瞭解；如果，新一代青年讀完了蕭萬長的人生故事，也能找到奉獻臺灣的要領，那就更好。

二

民國八十九年五月，蕭先生卸任行政院長，無官一身輕。稍後不久，他和夫人應我邀約，一起到澳洲旅遊。某夜，我邀請當地僑領百餘人在我家後院開歡迎餐會，讓大家與蕭氏伉儷見面。我在餐會上說了一些話，主要是說：「中華民國的高官，我尊敬的較少，不尊敬的較多；我尊敬的標準是不貪污、不驕狂、會做事，而且眞的做出大成績」。

僑界人士，藍綠都有，甚且藍的很藍，綠的很綠，可是當我說完後，大家剎時對蕭先生報以熱烈掌聲，久久不停。當夜大家爭相與蕭氏伉儷合影。我的左鄰右舍住的都是澳洲人，我擔心打擾，所以也請他們參加，他們對這位臺灣的前閣揆也尊敬有加，宴會人群一直到午夜才散去。

大約與我有交往的朋友都知道，我未參加政黨，對不同政黨和個別政治人物並無成見，但也不假辭色。我半生參與新聞事業，即使身處戒嚴威權時代，我同樣言所當言。那一天，旅澳僑界一定是認爲我對蕭先生的評論公道，所以才會不吝給他熱烈喝采。

把「不貪污、不驕狂、會做事，而且眞的做出大成績」拿來做爲檢驗一個政治人物是否得到人民尊敬的標準，其實是很卑微的要求，政治人物能夠確實做到的，卻少之又少。

我年輕時喜歡研讀政治史，尤喜政治人物傳記。年輕的時候對於歷史風雲人物，常心生無限景仰，甚至於認爲大丈夫當如是。可是到了中年卻猛然發覺，從人民的角度著眼，大部分叱吒風雲的大角色，其實只是敗類。他們予智自雄，翻手爲雲覆手爲雨之間，常見生靈塗炭。許多被認爲功業彪炳的一代英雄，當他們活在人世間的時候，田園寥落干戈後，骨肉流離道路中，甚至於他們死後很久，世間還不得安寧。

舉德國希特勒爲例，他活在人世的幾十年間，數千萬人死於他的擴張戰禍，六百萬猶太人尤其死得莫名其妙，參加反希特勒聯軍的各國青年，大好前程在槍林彈雨中毀於一旦。他自殺身亡戰爭結束之後，又過了幾十年，參戰國家才好不容易恢復元氣。換句話講，這個魔頭的出現，地球上到處妻離子散，血流成河，斷垣殘壁，人類文明倒退走。

像希特勒這種大魔頭，並非絕無僅有。中國歷史上不斷出現大大小小的奸雄，都造成歷史的災難。

及至晚近，民主政治興起，政黨競爭和選舉比賽成爲政治權位爭奪的途徑，由於僧多粥少，也由於人性弱點，一些心術不正的政客的醜陋嘴臉和行徑，成了另一種形式的災難。這類政客自私自利，巧取豪奪，杯葛傾軋，你爭我奪，不休不止。

因此之故，筆者深刻體認，站在人民立場，強調魄力不如強調承擔，歌頌權力不如歌頌奉獻。需知少數眞正能夠言行一致，心中永遠人民至上，孜孜矻矻一步一腳印，在國家建設上做出成績的人，才是人類社會眞正的珍寶。一個國家現代化的速度跟品質，其實端賴這個國家有多少這種仁民愛物、有爲有守的政治家做出無私奉獻。

蕭萬長服務國家達半個世紀之久，試問過去五十年間，誰看他爆過粗口？誰看過他與人鬥爭？誰看過他爭功諉過？誰看過他巧言令色搬弄是非？誰看過他以政治教條或意識形態唬弄人民？答案是「沒有」。在躍上歷史舞臺之前，蕭萬長當過十年外交官，也許因此，他一向衣冠嚴整，進退有節，儼然謙謙君子。古訓中的「言忠信、行篤敬」他做到了。在筆者與蕭先生長時間的接觸中，范仲淹《岳陽樓記》說「不以物喜，不以己悲」，說「先天下之憂而憂，後天下之樂而樂」，正是蕭萬長這般政治家的寫照。

說白了，我是希望同胞和後代子孫，能夠深刻體察哪一種政治人物才是臺灣眞正價值之所在，而生「有爲者亦若是」的效應，所以才會想要撰寫這部文字，並且選在蕭先生已然卸下公職，退出權力場域，歸隱林泉之後，刊行於世，以全行政、監察之憲法分際。

三

從蕭先生於民國七十一年開始擔任國貿局長的時候，我與蕭先生就有交往，但密切接觸是在民國八十六年蕭先生奉命組閣之後。當時我已卸任《自立晚報》社長。蕭先生接任行政院長是九月一日，上台之前準備工作足有三個月之久。上台之前，蕭先生任立法委員、在立法院外設有一辦公室。組閣的準備工作就在那個辦公室進行。我負責撰寫第一份施政報告初稿，也參與施政方針和閣員名單的商議。蕭先生上台後把那間辦公室留給我，我以行政院不支薪顧問名義在那裡工作到八十七年三月，去擔任公共電視第一任董事長爲止。可是緊密互動，至今依舊。

打從參與協助蕭院長開始，我提筆寫備忘錄，至今不斷。當初寫備忘錄，只是單純備忘，沒有想到有一天會寫這本書。陰錯陽差的是，因爲有這份數十萬字的備忘錄，今天寫這本書才見事半功倍。

因爲當初只是要供備忘，自然把自己認爲該記的事都記下，這就不免也記了不少政事機要和人事糾葛；這些政事機要和人事糾葛，過去不曾說，現在不能說，將來也不會說。

可是即使摒除這些不說的事體，由於蕭先生常在關鍵時刻不恥下問，備忘錄中的記載仍甚可觀。諸筆記載，人時地俱全，足可協助同胞去瞭解蕭先生做爲一個政治家的內心世界、苦心孤詣和艱苦卓絕。

外界看行政院，大概就是全國最高行政機構，事實上它也是全國風暴中心。外界看行政院長，大概就是憲法上的全國最高行政首長，事實是他也是槍林彈雨的第一標靶。身爲行政院長，不管他喜歡或不喜歡，他就是必須每天承受媒體的批判或詆譭，必須接受民代的質詢或羞辱，必須接受來自黨內各種莫名其妙勢力的揶揄和糾纏；甚至於內閣之中，也有人自恃另有來頭而見驕橫跋扈，奇聲異調。要每一天神清氣爽地推動政務，他必須忍人之所不能忍。一般人看到行政院長走路有風、隨扈如雲，那只是表象。「微笑老蕭」一路微笑，只因爲「領袖是希望的化身」，不得不然；其實民眾看不到的時候，多的是眉頭深鎖甚或椎心之痛，而且還必須堅此百忍，做出成績。

蕭先生一生經過三個不同的時代，七歲以前是日本殖民臺灣的差別待遇時代，好在懵懵懂懂；八歲到五十歲是戒嚴高壓時代，他必須謹小慎微、埋頭苦幹，否則不能存活，遑論位列公卿；五十一歲以後是民主開放時代。臺灣的初階民主，言論自由冠冕堂皇，卻常見被濫用，民代素質參差不齊，卻一個比一個大聲。這個時期蕭先生歷任要職，而且還返鄉參選立委，經過民意洗煉後才拜相組閣，最後成為一國元輔，這其中一半是託上天特別眷顧，一半是靠自己苦心修為，才能不斷創造事功，最後還能留下令名，全身而退。

因為要寫這本書，我把備忘錄中與蕭先生有關部份仔細重讀一遍，宛如走回時光隧道，重見當年種種情景。我決定擷取上千筆記載中的幾十分之一，編為附錄，相信一定有助於呈現蕭先生眞實的面貌。

四

側寫蕭萬長，當然不能輕輕幾筆草率為之，我必須銜接歷史的淵源，才能找到正確的座標；因此雖然對臺灣歷史並不陌生，但因為聚焦在島國建設和經貿發展，我必須另下功夫，去深究從民國五十一年開始的連續幾個經濟建設計畫。我必須弄清楚政府機構的沿革變化，我還必須研究尹仲容、嚴家淦、汪彝定、邵學錕、陶聲洋、李國鼎、孫運璿一大串經建專才如何一棒接一棒。蕭萬長不是突然迸出來的，臺灣的經建團隊，如何承先啓後，我必須充分掌握，才能在這本專書中，呈現出歷史眞實的演變。

二次世界大戰在一九四五年、亦即民國三十四年結束。麥克阿瑟將軍打太平洋戰爭，最後進攻日本採越島戰略，跳過了臺灣，臺灣逃過大劫，可是美國軍機對據臺日本官兵和設施的轟炸，臺灣人民跟著遭殃。史料還記載，臺灣青年有二十萬七千一百八十三人被徵召參戰，三萬三百零六人陣亡，其中還有一百七十三人成了戰犯、二十六人最後被盟軍法庭判處死刑。這就清楚顯示，二戰戰禍，臺灣人也死傷不少。更糟糕的是，島上滿目瘡痍。戰後日本人回航母國，丟下了爛攤子，僅由南到北毀壞的輸電系統一項，青年工程師孫運璿率領的檢修團隊，花了好幾個月，才把它接通。行政院主計處的資料上找不到民國三十四年的國民平均所得，民國四十年是區區一百四十六塊美元，那麼據此推估，戰爭結束後那三、五年，人民生活之困窘，不問可知。

雪上加霜的是，民國三十四年臺灣人口六百萬，民國三十九年由於國共內戰，國民黨戰敗，蔣中正把中央政府搬來臺灣，跟隨而來的軍民達兩百萬之多。日本據臺後期，公共建設已有一些成績，畢竟禁不起驟增兩百萬人所產生的負荷。

我一向要求自己講話要公道；我要說，夾雜在兩百萬來臺軍民之中的那批經濟建設大才，是歷史在陰錯陽差中賜給臺灣的珍寶。

應該是蔣中正總統透澈「離此一步，即無死所」吧，他把從中國大陸來臺的這批經建專才保護在一個不必理會政治是非的環境裡，去幫他處理富國事宜。也許蔣中正還認為唯有富國才能強兵，強兵才能反攻大陸，可是我從各種史料上發覺這批經建專才只管富國，不理會強兵。民國四十七年金門八二三砲戰後，美國強勢介入兩岸關係，蔣中正總統和他的黨政軍特團隊大家從此心照不宣，建設臺灣成為國家治理的唯一目標。

這批經建專才各個學有專精，使命感強烈，更難能可貴的是，經驗傳承成爲他們共同遵行的專業倫理，汪彝定對蕭萬長在國際貿易理論和實務上的指導、試煉和提攜，便是這種倫理的體現。

五

蕭先生在臺美斷交後的貿易談判上，一戰成名，躍上歷史舞臺。緊跟著，民國七十一年蔣經國欽點他出任國貿局局長。國貿局雖然在中央政府體制上是經濟部的下屬單位，可是因爲貿易是臺灣生存命脈，國貿局的地位，自然特別突出，作爲國貿局的掌門人，蕭先生也就成爲政府要員。

民國六十八年的高雄美麗島事件是臺灣政治的一個分水嶺。那個時間點之後，臺灣社運風起雲湧，衝擊舊體制的力道逐步加大，導致民國七十六年的解嚴。七十七年強人政治隨著蔣經國總統的過世畫下終止符後，臺灣社會的翻騰益見洶湧，一連串的政治劇變，令人目不暇給，政黨政治初具雛形，縣市長和立委的爭奪戰日趨激烈，藍綠版圖此消彼長。隨著國民大會走入歷史，總統改由直接民選產生，省長和院轄市長直選也成爲政治大戰。修憲的戲碼連台，省被精掉了，國民黨分裂導致政黨輪替提前出現，國民黨在丟失中央執政權後歷經八年又重返執政，二〇一二年總統改選時，兩岸關係的處理方略成爲臺灣最大的政治爭論。

這一段長達三十年的時間，蕭先生歷任國貿局長、經建會副主委、國民黨中央組工會主任、經濟部長、經建會主委、陸委會主委、立法委員、李連競選總部總幹事、國家發展會議副召集人、行政院長、陳水扁總統經濟顧問小組召集人、中華經濟研究院董事長、副總統。

蕭先生做為臺灣政壇的一個大角色，他雖然不事政治鬥爭，但仍然不免被波及。這其中腥風血雨、壞戲連台。由於這本書要寫的不是政治鬥爭，所以對於這些是非成敗轉頭空的「大事」，筆者決定不特著墨，僅在絕對必要處稍加說明，以呈現當時客觀環境的眞實樣貌。

六

蕭先生對本書寫作幫忙很多，他交代秘書協助找尋我要求的所有資料，他自己花了九個週末回答我提出的所有問題，蕭夫人也花了不少工夫找尋出本書要配合使用的圖片。此外，本書書名頁「據實側寫蕭萬長」那七個漂亮的毛筆字，出自蕭先生讀初中一年級的外孫女王如之的手筆。

筆者必須特別說清楚的一件事是：筆者不是政黨中人，書中有些價値評斷不一定與蕭先生的人情考量相同，有些事實敘述不一定與蕭先生做為當事人的見解一致，此外書中還有一些對蕭先生的批評、質疑或惋惜；換句話說，這本書雖然是在蕭先生等人的協助下完成，可是作者仍然是一個不折不扣的獨立個體；好在，當我把這些分歧明白告訴蕭先生的時候，他的反應至爲明朗，他說：儘管快行己意，不稍損社會上對您一向公正客觀的期待。

寫到這裡，讀友也許不免要問：光序文就寫了五、六千字，主要理念思維不是都說了嗎？不然，不然，我才只揭開序幕。有請各方先進，與我同行，一路向前。

卷壹

試煉

卷壹 試煉

之一 家世

理想上人類應該生而平等，事實上人類生而不平等，而且常常是大大的不平等。

比如說，有人生在戰亂年代，有人生在太平歲月；有人出生的時候就含著金湯匙，有人卻生在家徒四壁的家庭；有人父母目不識丁，有人祖先幾代書香；有人呱呱落地在非洲最窮困的部落，有人一睜開眼睛，看到的就是自家庭院的百畝豪宅；更別說男女有別、膚色互異，或者玉樹臨風、身手不全的巨大差別了。

人生而不平等是人類生命的一大奧妙，更大的奧妙是個人的生命在搖籃與墳墓之間並非一條直線。

這就是說，生命的來源操之於天，生命的過程卻操之於己；因此之故，卑微的出身也可以走過絢爛的旅程，高貴的人來到人間，未必不會經歷坎坷的後運。

生命是兩大奧妙的總合，於是乎便成就了自古以來傳記作家筆下難以數計的生命驚奇。

民國二十八年、西元一九三九年、日本殖民臺灣的第四十四年，蕭萬長出生在南臺灣嘉義市邊一個叫北社尾的小村莊。

父親蕭芳輝是農夫兼菜販，沒上過學。

他上頭有兩個哥哥，後來又多了兩個弟弟、兩個妹妹。

民國二十八年的臺灣南部鄉下，一般尋常百姓或農或漁或商或工，農是小農，漁是小漁，商是小商，工是勞工。努力一點的可以養家活口，機運不好的就很寒酸。芳輝公因為很努力，不但可以養家活口，後來還升級為蔬菜批發商，物質生活得以改善。

民國二十八年，是日本發動侵略中國的第三年。民國三十年，日本偷襲美國珍珠港，美國投入第二次世界大戰。日本殖民臺灣採民族差別待遇政策，認定臺灣人不是每個人都能當兵打仗，但是當戰爭吃緊，人力缺乏，臺灣青年也就被逐步徵召上戰場，史料記載超過二十萬的臺灣青年被送往南洋諸島，大部分做日本軍的軍伕，其中有十分之一死於戰火，沒有死於砲火的在戰後才先後復員返鄉，這是民國三十四年的事。這一年蕭萬長六歲。

在中國大陸，國民黨和共產黨的內戰隨著外侮結束頓然升高，千軍萬馬大規模廝殺，不過四年的時間，共產黨已席捲半壁江山，再過一年，國民黨一敗塗地，擁蔣的軍民官商一批批渡海來臺，總數達兩百萬，已經下野的蔣中正總統在臺灣復位，這是民國三十九年的事。這一年蕭萬長十一歲。

較早三年，由於陳儀的治臺政策有偏差，也由於本地人和部分來臺外省人在很多事理的認知上有巨大歧異，於是發生二二八民變，一大批臺灣知識菁英含冤而死，造成臺灣社會極大的震驚。

當時，童稚的蕭萬長對這些大事一無所知，但這就是他來到人世間的時候的大環境。

之二 青澀少年

不管是日據時期或光復之後，孩童進入小學的年齡都是滿六歲。蕭萬長在六歲的時候進入北園國民小學。之前兩年，蕭家近鄰有一富戶，花錢要蕭萬長給他們的寶貝兒子「陪讀」，所以他在日本人辦的幼稚園玩了兩年。

由於學區畫分更改，蕭萬長後來改分發大同國民小學。讀完小學是民國四十年。然後蕭萬長考進嘉義中學，在那裡讀完三年初中、三年高中。

很多人寫蕭先生，說他自幼聰穎，蕭先生坦白跟我說，高中以前，他的學業成績只是「跟得上」，其實「乏善可陳」。

持平的論斷是，當年的中學不多，嘉義中學是公認的一流中學，方圓幾十公里的優秀學生才考得上，那麼，「跟得上」也算不容易。「乏善可陳」是謙虛的說法。

讀中學時「乏善可陳」的蕭萬長擔任了很多年的學校樂隊鼓手。寒暑假或平日放學回家後，他必須幫忙做蔬菜批發的父親記帳，甚至裝箱打包。

蕭萬長告訴我，他的父親很重身教，對他後來的思想和人格影響很大。

隨著社會進步，北社尾早已和嘉義市連在一起，嘉義市和嘉義縣後來各成一治，但不管北社尾人、嘉義市人或嘉義縣人，後來都認為蕭萬長是嘉義人的榮耀。

「乏善可陳」的蕭萬長假如一直「乏善可陳」，不可能成為嘉義人的榮耀，遑論為國家做出大貢獻。

之三　寒窗

高中快畢業臨到要考大學的時候，蕭萬長面臨人生第一個重大抉擇，那就是要立志做什麼事？所以要考哪一所大學的哪一個科系？

讀書的目的之一當然是為了出人頭地。當年臺灣鄉下做父母親的最希望子女將來成為醫生；因為醫生社會地位好、賺錢又多。蕭萬長的父母和兩個哥哥也同此心此理。可是蕭萬長那時已有自己的想法，他把國立政治大學外交系填為第一志願，希望將來成為外交官，在外交領域貢獻國家，出人頭地。

他如願考上了。這一年是民國四十六年。民國四十六年的中華民國是東西冷戰的前鋒，是美國的盟邦，邦交國一長串，外交官是一個龐大的秀異群體。政治大學外交系是國內唯一的外交系，是新生代外交官的搖籃。

蕭萬長自己說，他晚熟，意思就是說開竅得較遲。我的看法是他在第一次選定自己的人生目標，而且果真能跨出第一步之後，才終於體認到全力以赴的必要。

提著一只皮箱搭乘火車到臺北木柵指南山麓註冊報到以後的青年蕭萬長，於是靜靜地在那裡開始大學四年、研究所三年的寒窗歲月。

一般形容學子苦讀，常用焚膏繼晷這四個字，蕭萬長眞的是如此。鄉下人子弟到臺北讀大學，靠父兄每月定額接濟，數目是房租加上伙食，蕭萬長沒有例外。他沒有多餘的錢去娛樂消遣，所以認眞上課之後到圖書館認眞讀書成爲他的娛樂和消遣。這時候的蕭萬長已智珠在握，暑假也留在學校繼續讀書，第一年就通過高等考試檢定，第三年通過普通行政人員高考。大學畢業去當兵前已考上政治大學外交研究所，當完預官回來的時候又考上外交官特考。外交部要這位特考榜首去實習，所以他讀研究所是邊讀邊做事。外交系和外交研究所的掌門人是李其泰教授。李教授對蕭萬長讚譽有加。芳輝公對他這個兒子的教誨是凡事謙卑，可是假如蕭萬長臉上開始呈現自信，應是必然的事體。

自信不只來自學業成績和考試成績，自信還來自朱俶賢小姐。一個端莊嫻雅、聰敏能幹的政大國際貿易系學生。他們相識、戀愛，進而在民國五十四年永締鴛盟。蕭夫人一直是蕭萬長的重要支柱，她幫蕭先生潤滑人際關係，她幫蕭先生處理他不花心思的家政，讓蕭先生可以全力從事國政。

臺灣南部鄉下有一句俗諺「查甫人輸贏一個某」，翻成國語是「男人一生是否成功就看選了什麼人做太太」。我個人淺見，蕭萬長一生事功得力於賢內助者多矣！

蕭朱聯姻還有另一段故事。蕭萬長在大學快畢業的時候一心想要赴美留學，後來哈佛大學給了許可，並且提供獎學金。覆函寄到嘉義老家，蕭母知道後極力反對。反對的理由是她聽聞許多人去了美國便如斷了線的風箏。事實是，有不少青年去了美國後因爲參加政治，上了黑名單，沒有進入黑名單的也大部分在美國就業，生活條件明顯較好，所以也就錯認他鄉爲故鄉。

蕭母極力反對，蕭萬長由於事親至孝，便作罷論。可是蕭母另立條件，說如果與朱俶賢結婚，婚後可以再議赴美留學之事。

蕭先生於民國五十四年結婚的時候，他已在外交部工作三年，隔年外放至馬來西亞首都吉隆坡任副領事。到美國去讀博士學位，原是走學術人生的規劃，既已不做學人，母親同意他結婚後可以再議留學的事情，也就成爲過去式了。

可能由於不作留學之想，也可能由於做爲一名外交官的條件必要，蕭萬長對英語和西班牙語下了大功夫。蕭萬長是未曾留學、未曾在英語環境中學習英語的政府高官中，可用英語即席演講、用英語直接談判的極少見例外。

之四　外交官換跑道

雖然以特考榜首之姿進入外交部，蕭萬長卻是同儕中最後一名外放的人員。外放地點是馬來西亞的首都吉隆坡，官職是副領事，時間是民國五十五年。

馬來西亞是個熱帶國家，面積是臺灣的九倍大，人口比臺灣多一點，經濟發展程度比臺灣落後，曾經長期是英國殖民地，獨立後君主立憲。君主不是皇帝，而是由九個世襲蘇丹輪流扮演虛位元首的角色，五年一任，行政權在總理。馬國華裔佔了百分之十五，在工商經濟上佔很大份量。

噴射客機從臺北飛吉隆坡要四個半小時，蕭萬長帶著妻子和剛出生的長女如婷赴任，月薪兩百五十美元，但上任前借支的治裝費必須每月攤還一百美元。沒有宿舍供應，住在小旅館一段時間後，才找到出租的房子。

做外交官可以有三種不同做法，一是穿西裝打領帶坐在冷氣房裡看公文寫報告；二是外交次要，內交首要；三是捲起袖子，該跟駐在國官員打交道就認眞打交道，該幫當地華僑服務就認眞服務，該接應國內來人就認眞接應；蕭萬長的訓練和人格自然讓他選擇第三種作法。

一百五十塊錢怎麼生活？有些人寫蕭萬長外交生涯，提到蕭萬長後來接岳母去同住，說很多人常去蕭家吃他岳母包的臺灣水餃或炒的臺灣米粉。蕭萬長事岳母至孝是事實，但更接近眞實的情境是，一人領薪三人服務，因爲那一百五十塊美元，請不起客人吃館子。

蕭萬長使馬六年。第五年，中華民國在聯合國的位子被中華人民共和國取代了。接下來，以美國馬首是瞻的臺灣邦交國像得了焦急躁鬱症一般，紛紛跟臺灣斷交。蕭萬長這時已升任領事，很多事點滴在心頭，他開始思考臺灣的存活之道，終於悟出結論：傳統外交只是手段，經濟發展人民富足才是目的，顯然臺灣必須在往後的歲月中大力擴展國際經貿市場，才是經略臺灣的王道。

青年外交官蕭萬長於是做出一生中的另一個重大決定：他要脫離傳統外交場域，請調國貿局，獻身臺灣經貿發展。

民國六十一年，蕭萬長使馬六年任滿，他攜岳母及妻女（在馬國時二女如芬出生）返回臺北。外交部認爲他駐馬期間工作績效好，所以把他升爲亞太司科長。

升科長很好，但蕭萬長決定依計畫請調國貿局。幾經折衝，最後改爲外交部同意國貿局先「借調一年」。

之五　貴人汪彝定

國際貿易局是由外匯貿易委員會於民國五十八年改制而來。外匯貿易委員會的前身是外匯貿易審議委員會，這是民國四十四年成立的機構，尹仲容是這個機構的首任主任委員，尹仲容之後是徐柏園。打從一開始，這個機構就是臺灣財經的重要決策機構，尹仲容和徐柏園的功業便是源於這個機構在我國對外貿易決策上的主導權。民國五十七年，剝蕉案發生，南部蕉農組成的香蕉外銷組織在臺北官場大送金碗，案子轟動一時，徐柏園擔任的外匯貿易委員會主委和中央銀行總裁兩個要職先後被撤。外匯貿易委員會就在這個時間點裁撤，改爲在經濟部下設置國際貿易局，接管原來外匯貿易委員會的外貿業務，至於外匯業務則交由新設在中央銀行底下的外匯局接管。但外匯業務與外貿業務其實密不可分，有了國貿局的輸出入許可之後才能去外匯局申請買匯或賣匯。

換句話說，外匯局較靜態，國貿局雖設在經濟部之下，但握有公權力頗大，汪彝定就是在這個時間點出任國貿局長。

汪彝定是安徽人，小時候隨父親在北平長大，日本侵略中國後撤退重慶，並曾遊走大西北、大西南，最後在西南聯大法律系畢業。抗戰勝利後進入行政院善後救濟總署。民國三十五年初被派到臺灣分署做稽核，這個工作是散財而非接收。當年汪先生二十六歲。

汪彝定儀表堂堂，中英文俱佳，後來也學會臺語。本人淺見，一個人坐著時若能把文章寫得條理井然，站起來能把話說得要言不繁，動起來能把事情做得有板有眼，便可稱人才；如果還能高瞻遠矚，勇於決斷，堅忍承擔，那便是磐磐大才。汪先生在民國八十年以「走過關鍵年代」爲名出版回憶錄，我看他對中國大陸落後社會的敘述和分析，深刻透徹。來臺一年後，他碰上二二八事變，回憶錄中對事變的來由、實況的觀察、歷史的因果，論述得公允周延，極爲難得。當年新聞界很多人都知道，汪先生雖然爲官，但《中國時報》的財經社論大多是他的傑作。民國七十四年，經濟與生活出版公司曾以「偎檻集」爲名出版他的文集，列爲天下叢書。

民國六十一年，蕭萬長到國貿局報到，從稽核做起，頂頭上司就是汪彝定。

汪先生的回憶錄在記述國貿局人才輩出時，有一小段文字稱讚蕭萬長，他在歷數幾位傑出新秀後，說「其中萬長兄曾有人以極好的條件想挖他去民間機構工作，我和他的朋友說，萬長是要給這個國家做更大貢獻的，你不要挖他。我沒有看錯。」

汪先生未記述他如何磨練部屬，但我聽說那個年代的經建大員會鎖定他們選定的璞玉，一

蕭萬長（左三）和貴人汪彝定（左二）。

汪益．攝影

路琢磨，以期有朝一日衣缽相傳。蕭萬長就是汪先生鎖定的璞玉。

借調一年期滿，當時的外交部長沈昌煥已與當時的經濟部長孫運璿商定，蕭萬長應歸建，但後來被汪彝定「否決」了。

汪彝定的磨練方法是耳提面命；耳提面命之不足，給你書看；看完了書，與你討論交換心得。在實務上，汪先生把你帶在身邊，讓你觀摩談判技巧，一有機會就讓你上場，他在旁邊觀戰，回到局裡再告訴你，上一場談判，你哪裡可待加強。此外汪彝定還推薦蕭萬長去當孫運璿部長率團訪問沙烏地阿拉伯的隨團秘書，讓蕭萬長近身觀摩何謂進退有節，何謂折衝樽俎，何謂當機立斷。

蕭萬長從民國六十一年到國貿局，只不過五年的時間就從稽核一路擢升副組長、組長，到副局長。汪彝定這就很像武術教練，先教舉重，舉過了八十公斤，加到九十；過了九十公斤，加到一百；過了一百還不休止，一路往上拉拔鞭策。這還不夠，週末假日還要加練鐵砂掌、飛毛腿、雙節棍，晚上還要研讀《東萊博議》，品味《資治通鑑》；爲了因應荒野求生，還要熟背《本草綱目》……

一個人的際遇常常是一生成敗的重要關鍵，誰是直屬長官，尤其關係重大。汪彝定學法律，做的卻是經貿；文采風流，卻自認文章只是末藝；身爲政府高官，但卻深刻體認「平衡的判斷與推動事務的技巧才是最重要的才能」。汪彝定自道，他不太相信什麼主義或哲學，他一貫自勉凡事務實。依本人觀察，在這些理念、思維和作風上，蕭萬長是汪彝定的翻版。繼汪彝定之後接任國貿局長的邵學錕，對蕭萬長同樣倚重，同樣指導，同樣拉拔。

綜合言之，經過十年外交部和六年國貿局的試煉，四十歲的蕭萬長很像學會了十八般武藝的少林寺武僧，師父允許他可以背起包袱，獨自去遊走江湖了。

卷貳

一戰成名

卷貳 一戰成名

臺美斷交，臺灣面臨生死關頭。
國貿局副局長蕭萬長萬里跋涉，
遠赴白雪紛飛的美國華府，
爭得「永久最惠國」待遇，成爲臺灣的保命丹。
蕭萬長的表現備受各方肯定，也從此成爲政壇新星。

二次世界大戰結束，戰敗國日本讓出臺灣治權，戰勝國中國依據開羅宣言以及盟軍太平洋戰區統帥麥克阿瑟將軍的指令接收臺灣，國際強權把臺灣的最終歸屬列爲懸案，但民國三十八年蔣中正政權敗退臺北，幾十萬大軍轉進臺灣，成了國際政治的新現實。韓戰後東西陣營冷戰成型，美國卵翼已遷移臺灣的中華民國政府，變成歷史演變的必然。

二戰結束後，歐洲滿目瘡痍，美國認爲只有大力協助重建，才能在美蘇對峙的賽局中佔上風，所以推動以經濟援助爲主軸的「馬歇爾計畫」。美國在亞洲沒有什麼「馬歇爾計畫」，可是有「美國援助」，臺灣也在美援受惠之列。

重新在臺灣站穩腳跟的蔣中正總統和他的大臣們很快體認到，不管要反攻大陸或偏安臺灣，都要發展經濟，於是結合美援和民間工商業者的心血，成了當年開始發展臺灣經濟的主要方略。

小學教科書上說，臺灣山明水秀，物產豐隆；山明水秀是眞的，可是，臺灣幾無天然資源可言，地力也不豐厚，要發展臺灣經濟，蔣中正總統手下那群經建大才心裡明白，唯有進口原物料，在島上做出成品，小部分供同胞使用，大部分出口，才是正辦。如此，去做勞工的同胞可賺取工資改善生活，出口換來的外匯才能進口更多的工廠設備和原物料或零組件；而在一進一出之間，政府也才能有各種稅收來支撐有效治理。

皇天果然不負苦心人，臺灣的對外貿易，逐年成長，到了六十年代，臺灣已能脫離美援，但出口市場以美國爲最大宗；美國假如不買臺灣的產品，臺灣立即窒息，少買或者限制太多，臺灣也會生大病。

「中美邦交」是臺灣和美國互利的保證書，可是天下豈有永遠不變的事體？在經由多年拉扯之後，到了民國六十年，中華民國在聯合國的代表權被中華人民共和國取代了。和中華人民共和國「關係正常化」成爲美國國內輿情和智庫見解的主流。臺灣對強力反共的尼克森總統有期待，但當他的國家安全顧問季辛吉於一九七一年（民國六十年）從巴基斯坦潛赴北京會晤毛澤東、周恩來之後，臺北自然知道紅燈已經亮起。

民國六十七年十二月十六日，斷交的時刻到來。美國駐臺大使安克志不管華盛頓的午後二時是臺北的午夜二時，他奉命面見被叫醒的蔣經國總統，告訴他：我亞美利堅合眾國決定終止與中華民國外交關係，時間是一九七八年十二月卅一日。

對臺美斷交這等大事，政府當然會備有對案，可是一旦事情眞的到來，光按表操課也會心力交瘁，更何況狀況連連，那就勢必雞飛狗跳，甚或一時兵荒馬亂。像經濟部次長汪彝定和國貿局副局長蕭萬長就是原訂這天搭機赴美進行另一回合的兩國貿易談判。在此之前，臺美雙方已就關稅及非關稅相互減讓舉行過五次談判。

要出發去對談的國家在出發日宣稱要和我們斷交了，這是沒有過的經驗。

汪彝定要蕭萬長依原訂行程上機，到了東京再電話聯繫。電話中知道，本來說是隨後趕來的汪彝定，已無法隨後趕來，因爲汪彝定必須參加中樞應變會議。政府給飛到東京的蕭副局長的指令是：繼續東飛、全權談判、能爭得多少算多少。

十二個小時後，蕭萬長飛抵白雪紛飛的紐約，並即轉機華府，住入「五月花酒店」，隔天立即與美方代表展開艱苦、詭異的唇槍舌戰。

斷交當然氣氛不好，美國人又有所謂耶誕長假，蕭萬長基於對臺灣處境和美國虧欠心思的深刻瞭解，所以獅子大開口——臺灣要求「永久最惠國」待遇，所以談判陷入艱苦狀態。

在國際貿易上，所謂「永久最惠國」待遇，是兩國經由雙邊協定，施惠國永久給予受惠國在貿易、關稅、航運、公民法律地位上最大的優惠和豁免。

耶誕節逐日逼近，有一天蕭萬長和助手回到酒店，行李已被搬到大廳，經理人員告訴他們，大家要放假去了，酒店的餐廳也不營業，要蕭萬長自求多福。提著行李，走在街頭，

「國破山河在」的悲哀湧上心頭，孤臣孽子的心情無人能解。最後找到一家「康乃狄克客棧」落腳，因爲客棧對面有一家全年無休的麥當勞可以勉強果腹。

十多天談判中，蕭萬長慷慨陳述，步步進逼，幾經折衝，大功告成，永久最惠國待遇到手。汪彝定在正式斷交前三天的十二月廿九日趕到，雙方簽字。回臺灣後，蕭萬長嘴唇破皮，兩眼浮腫，還拔掉十一顆牙齒。

可是和爲國家爭得保命丹相比，個人損傷就可不計較了，因爲只有這個保命丹才能保有和擴大美國市場。臺灣雖然因爲斷交失了面子，但裡子牢牢保住。臺美政治斷交、貿易不斷交；貿易不斷交，臺灣的生存發展就有生機。

與美國「關係正常化」的中華人民共和國，貿易關係必須雙方一年一談，一直到一九九八年，美國把最惠國待遇改制爲「永久正常貿易關係」（Permanent Normal Trade Relations）自動給予所有國家，中共才得到與臺灣同等的好處。不過美國在法律上把古巴和北韓排除。

中華民國在大陸的時候，北洋政府的陸宗輿到日本去談判，由於喪權辱國，回北京後被民眾丟石頭，被政府撤官職，可見承擔涉外談判之艱難和風險。蕭萬長談判成功，功在國家，返國後沒有紅地毯，只有去拔牙。拔牙之後等待他的仍是馬不停蹄的開會、談判，以及在外貿管理上不斷鬆綁的諸般規劃和決斷。不過，一戰成名的蕭萬長備受各方肯定，從此躍上歷史舞台，開啓他與臺灣建設息息相關的三十年大展身手歲月。

卷參

躍上歷史舞台

卷參 躍上歷史舞台

之一

美國市場必須不斷拓展，所以必須不斷談判；
中國市場已經崛起，所以轉口貿易必須除罪化；
仿冒為國際社會所不容，所以必須反仿冒；
國貿局長蕭萬長使出三頭六臂，奮戰七年，創出佳績。

民國七十年十二月，蔣經國總統召見蕭萬長，告訴他將升任國貿局長。

蔣經國是在民國六十一年出任行政院長，並開始大力推動「十大建設」。民國六十四年他的父親蔣中正總統過世，在嚴家淦短暫過渡後，民國六十七年國民大會推選蔣經國為總統，成為國家最高領導人。

民國六十七年十二月，臺美斷交，臺灣有一段危疑震撼歲月，但由於國內建設如火如荼推動，邦交國不斷丟失的陰霾也逐漸遠去，對外貿易也逐年大幅擴增。

蕭萬長回覆蔣經國總統：自己還年輕，恐怕經驗尚有不足。蔣經國說：你儘管好好做，有困難可以找我。蕭副局長於是在七十一年一月成為蕭局長。

推動對外貿易以利國利民，是蕭萬長自己選擇的志業，他深具使命感，認爲貿易施政必須與時俱進。

語云：政府有政策，人民有對策。在商業領域，商人將本求利，理所當然，所以賠本的生意沒人做，殺頭的生意有人做。

民國七十一年的臺灣還在戒嚴管制下，中共仍是中華民國動員戡亂的對象；這是政治。

兩岸近在咫尺，這是經濟地理。

兩岸用同樣的文字，講同樣的語言，都讀《唐詩三百首》，讀《水滸傳》、《三國演義》；這是文化。

中國大陸從民國六十七年開始「改革開放」，大陸人口眾多，市場廣大，兩岸中間還夾著一個自由貿易的香港；這是商業。

政治是人爲的、限制性的，經濟地理和文化是客觀環境，商業則以務實爲王道。

臺灣的工商業者認爲，經由香港把貨品賣到中國大陸，是聰明的作爲。我們的法令認爲這是「資匪」，是要殺頭的罪行。

國貿局長蕭萬長認爲呢？

他認爲對外貿易是臺灣生存的命脈，假如工商業者做對臺灣有利的事，卻必須冒犯罪的風險，邏輯上說不通，因此政府政策和法令都應該調整。事理如此，可是政壇上願意勇敢面對的人，恐怕不多。蕭萬長先查清楚，民國七十二年臺灣對香港出口金額是六億四千萬美元，到了七十三年卻突增到二十億八千萬美元，成長三倍，而且持續增加之中。

然後他派人實地調查採訪，果然證實大部分的增加數字是轉往中國大陸的。

經驗告訴他，這種情勢不可挽回，更無法禁止。更弔詭的是，這種情勢其實有利於臺灣的經濟發展。

蕭萬長於是決定面見蔣經國總統，請求將轉口貿易除罪化。蔣經國聽完了蕭局長的報告後，當面未置可否。但當時的國安局長汪敬煦隨即要他到國安局走一趟。蕭萬長曾想到是否大難臨頭？幸好事情不是那樣，而是蔣經國認爲蕭萬長的見解很有道理，立即交代，在國家安全無虞的情況下，依蕭萬長的建議處理後續。

現在回過頭去看，這個政策的更改無異是歷史性、關鍵性的決斷。中國大陸在鄧小平採行「改革開放」後，經濟建設突飛猛進。摒除意識形態不談，那個市場人見人愛，最接近中國大陸市場的是臺灣，假如臺灣人得不到貿易好處，形同到口的肥肉不要。忠誠謀國者要智慮清明，否則沒有資格做大官。

基於同樣的思維，爲了讓臺灣製造的產品行銷世界的時候，不因政治阻擾而受挫，蕭萬長呈報層峰，在蔣經國總統認可下，將原來的出產國標示 Made in China，改成出產地標示 Made in Taiwan。事實是，那個年代，前者易被認爲劣等貨，後者才是品質保證。話雖

蔣經國總統
提拔蕭萬長升任國貿局長，
並說：你儘管好好做，
有困難可以找我。

如此，提出這種建議的人和做出決斷的人，如果沒有前瞻和承擔的能耐，絕做不出這種關鍵性的改變。

話說回頭。民國七十幾年對美貿易仍是臺灣的主課題，對中國貿易佔臺灣對外貿易的最大宗是很久以後的事。因此，與美國的配額談判，一直是國貿局每年的大事。

臺灣開始發展經濟的第一階段，官民自然鎖定食衣住行育樂六大產業，紡織業自然大幅發展，其結果必然是要把內需的剩餘出口。美國有近三億人口，消費力又強，市場廣大。可是不只臺灣紡織品過剩，許多和臺灣處於同樣發展階段的國家也一樣，所以爭取紡織品輸美配額，成為國貿局的大政之一。

臺灣的工業發展快速，繼紡織品輸美必須談判之後，彩色電視機及其底盤出口數量之基數也需要談判。後來鞋類談判也成為一大工作。談判是傷神的事體，可是蕭局長到頭來終能一一談出對臺灣有利的結果。

於我國有利，其實意味對美貿易出超數字節節高升，美國當然不會緘默；不但不會緘默，美國還有所謂「三〇一條款」做為報復貿易逆差的殺手鐧。民國七十七年三月三十一日，數千名抗議雞農到臺北示威，抗議美國要求開放進口火雞肉。國貿局蕭局長親自接待，雞農帶了雞蛋北上，不丟白不丟，被丟了滿身雞蛋的蕭局長仍然心平氣和，面帶微笑，「微笑老蕭」的稱號不脛而走。

「老蕭」說，雞蛋丟到西裝上馬上發臭，但他來自鄉下，認為假如忍耐一時，卻能讓鄉親達到發洩目的，那也值得，所以「微笑」。

可是，美國主管外貿大員的逆差抗議，就不是老蕭的微笑可以了事的。因此之故，蕭萬長在國貿局服務期間，「赴美採購團」成爲每年的例行大戲。這些「赴美採購團」大陣仗出訪美國各州，州長都親自出面接待，該州的參眾議員也應邀參加採購簽約儀式，當地的電視、報章也都大幅報導。

國貿局的檔案顯示，自民國六十七年起，赴美特別採購團共計十八次，造訪美國四十四州，採購總金額超過一百五十億美元。在斷交之後的臺美關係維繫上，這種經貿交流發生良好效用。其中，蕭局長多次親自率團。

作爲世界霸權的美國，實際上主宰國際貿易的規範，反仿冒是美國訂出的規範，對臺灣仿冒之風盛行，當然不能容忍。

蕭局長原先認爲臺灣尙屬開發中國家，不能奢談反仿冒，所以在與美國談判著作權的初期，都採強辭辯解，例如說些「我們孔子說的話，你們常常引述，我們也沒有要智慧財產權」之類的說詞，美國當然不能接受，所以不斷加強施壓力道。蕭局長於是走訪李國鼎。李國鼎告訴蕭局長，長期而言，反仿冒才能有利於臺灣產業升級和外來投資，才能立足國際社會，不能順著潮流走，臺灣經濟難以升級。李國鼎所言有如醍醐灌頂，臺美著作權談判於是急轉直下，蕭萬長被安排到國民黨中常會報告，然後俞國華、李國鼎、孫運璿先後發言支持，蔣經國裁示定調。查禁仿冒很快成爲我國新政策。

一個國家對外貿易長期倚賴單一市場是危險的，蕭局長在民國七十六年陳請經濟部核定了「我國對外貿易平衡發展方案」，並於七十七年研訂「分散市場、擴大進口五年計畫」付諸實施。

既要分散市場，那麼對外貿易的談判就不止於美國一方了。民國七十七年五月國貿局成立「GATT（關稅及貿易總協定）專案小組」積極研議重返GATT的相關準備工作。這項努力持續經年，蕭萬長後來在經濟部長任上還遠赴瑞士前線督戰。後來GATT變成WTO（世界貿易組織），一直到民國九十一年，我國才以「臺澎金馬關稅領域」之名成爲WTO的會員。

附帶一筆：蔡英文就是以擔任這個專案小組的顧問，開始進入政府體系。把蔡英文推薦給蕭局長的，是剛接任總統的李登輝。

一連串的國外奔波加上一連串的國內貿易行政改革，我國到了民國七十七年，進出口貿易總額攀升到一千兩百一十九億三千五百萬美元。如與民國七十一年蕭萬長初任局長時比較，成長二點五倍，如與民國六十一年蕭萬長由外交部借調國貿局時比較，成長十五點三倍。是世界第十三大貿易國。外匯存底七百三十八億美元。

之二

全民健保是經建會副主委蕭萬長一手規劃的。
國際上對臺灣全民健保稱頌有加，可惜後來付諸實施的方案，
卻未能依照原規劃避開財務黑洞，
蕭萬長最感遺憾。

民國七十七年李煥組閣，連戰任外交部長，錢復任行政院經濟建設委員會主任委員。連戰邀請蕭萬長任外交部政務次長，錢復邀請蕭萬長任經建會首席副主任委員。

蕭萬長對連戰部長的邀請衷心感謝，但他認爲外交和軍事兩個範疇最須講究依序漸進的傳統倫理，假如因爲自己在外面繞了一圈，便就由科長變成政務次長，而同期進入外交部的老同仁卻連司長都還在排隊，蕭萬長認爲不妥，因此便婉謝了連戰的好意。當然，選擇去經建會服務，也是因爲自己在經建領域已經累積了可觀的經驗。

行政院經濟建設委員會是我國國家建設的規劃中樞。早在民國三十七年，中華民國與美國便在南京簽訂「中美經濟援助協定」，並設立「美援運用委員會」。至民國四十七年七月，擔任過該會主任委員的大員先後有翁文灝、孫科、何應欽、閻錫山、陳誠、俞鴻鈞、嚴家淦、陳誠。四十七年該會改組爲「行政院國際經濟合作發展委員會」，嚴家淦和蔣經國也先後任主任委員。民國六十二年該會又改組爲「行政院經濟設計委員會」由陳誠任第一任主任委員，後兩任主委是張繼正、楊家麟。民國六十六年該會與「行政院財經小組」合

五輕、六輕建廠是蕭萬長在經濟部長任上做出第一件大成績。（上）陳敏明・攝影
全民健保全民獲益。全民健保制度起始於民國七十七年蕭萬長主委的規劃。（下）聯合報系提供

併，改組爲「行政院經濟建設委員會」，俞國華是第一任主委、趙耀東第二任主委，錢復是第三任。

這個機構的主任委員不是行政院長兼任，就是做了這個機構的主任委員之後，去接任行政院長，可見經建規劃中樞，地位特殊。

晉升爲經建會首席副主任委員的蕭萬長，其職責當然是輔贊主任委員推動經建規劃大計，但錢復器重蕭萬長，也信任蕭萬長，不少政務責由蕭萬長擔任召集人；今天臺灣頗受國際稱道的全民健保，在民國七十七年成立規劃小組的時候，便是蕭萬長任召集人。

全民健保是崇高的理想，但是施政是理想和現實的綜合考量。蕭萬長回顧自己小時候在臺灣鄉下的經驗，一些尋常家庭常常由於有人罹重病，無錢醫治，全家陷入愁雲慘霧，甚至於衍生人間悲劇；假如政府的力量能夠一手撥開病苦人家的愁雲慘霧，豈非功德無量！恰於此時，李國鼎赴美開刀返國，開始在政府內部倡議「全民健保」，於是經建會順勢成立了規劃小組。

「有多少米，煮多少飯」是爲政者必要的堅持，所以擔任規劃小組召集人的蕭萬長一開始就打定「大病大照顧，小病小照顧」的主意。李國鼎對臺灣醫療體系的建立頗爲熱切，他建議蕭萬長聘華裔美籍蕭慶倫教授爲總顧問，此君係哈佛教授，得經濟學和公共衛生雙料博士學位，曾任白宮醫療顧問。蕭慶倫每次來臺停留三、四天，蕭萬長都與蕭慶倫長談，頗有深獲我心之感，更堅定原來的規劃主軸。成立時邀請國內公共衛生專家楊志良、江東亮、吳凱勳等擔任顧問，密集規劃全民健保制度架構及原則，並聘請中研院的精算師羅蘭協助。最後作出的計劃還照顧小診所的生存，讓小診所轉診成為全民健保制度的一環。

我找到民國七十九年六月由經建會「全民健康保險研究計畫專案小組」出版的「全民健康保險制度規劃報告」。這本一百九十六頁的報告書，一開始就講清楚，「在不浪費、不虧損兩大原則下，建立獨立且自給自足之財務制度」，一旦「財務收支不平衡，應立即調高保險費，以健全保險財務基礎」。為了確保讓小診所成為全民健保制度的一環，還明定病人「不依轉診規定越級就醫者，加重負擔」。當時我國國民年均所得已近八千美元，預估全民健保開辦後，每年醫療及行政費用約需新臺幣三千一百六十一億元。

扼要言之，蕭萬長和他的小組花了兩年時間規劃全民健保制度的時候是戒慎恐懼，務求萬全。國外經驗也告訴我們，全民健保的財務管控是第一要務。

天底下規劃是一回事，變化又是另一回事。民國七十九年，錢復主委和蕭萬長副主委雙雙離開經建會。郝柏村組閣，郭婉容是新任經建會主委，郭婉容開始忙於郝院長的「六年國建」計劃。衛生署開辦的全民健保在各黨立委紛紛加碼下，脫離了原來規劃的收支結構，變成年年大幅虧損。民國八十六年九月蕭萬長組閣，為了要改善全民健保體質，特別考量敦請民間奇美醫院院長詹啓賢出任衛生署長，但臺灣民粹政治已然形成，要削減既得好處比登天還難。民國九十九年的衛生署長楊志良就是蕭萬長規劃全民健保時的顧問，楊志良苦心倡議的「二代健保」同樣未竟全功。

臺灣的全民健保，國際稱頌，蕭萬長覺得與有榮焉；現在的健保財務黑洞，蕭萬長認爲可以避免卻沒有避免，最感遺憾。

經建會副主委做到第十六個月，蕭萬長的職位有了調整。新職位是國民黨中央委員會組織工作會主任，上任時間是民國七十九年一月。

爲什麼是這個職位？爲什麼是民國七十九年一月？

事情簡單得很。宋楚瑜與蕭萬長是政治大學外交系前後期校友，兩人通家來往，交誼素睦。宋楚瑜接任黨秘書長，第一項任務是第八任正副總統的勝選。當年有主流非主流之爭。國民大會代表遍佈全臺各地，宋秘書長拜託蕭萬長幫已獲正副總統候選人提名的李登輝和李元簇跑遍每一位代表的住處。

蕭主任眞就跑了一圈，雙李順利高票當選。前後五個月，蕭主任的階段性任務也就完成了。

之三

後勁居民反五輕，王永慶的六輕要出走，

臺灣石化工業面臨熄火命運。經濟部長蕭萬長使出渾身解數，

終於讓五輕動工，讓六輕建在雲林麥寮。

民國七十九年李登輝、李元簇經由國民大會選舉爲第八任正副總統，五月二十日就職。六月，郝柏村組閣，蕭萬長出任經濟部長。

組工會主任是臨時客串，蕭萬長又回到他的本行。蕭部長對新職很感興奮，可是上台第一天，擺到桌上來的政務卻是一大堆令人頭痛的大事。

頭痛大事首推中油公司的五輕不能建廠和台塑公司的六輕打算遠走中國大陸。

話必須說回頭。臺灣的經濟發展方略，扼要的說，在民國四十年代，係以發展進口替代產業、致力物價穩定爲主軸。民國五十年代改爲發展出口導向產業，以鼓勵資本的形成。民國六十年代開始發展基礎重化工業，並開始重大公共建設的興建。到了七十年代，開始致力產業結構的調整，並推動經濟的自由化和國際化。民國七十九年開始的第十期中期經建計畫，則是強調總體經濟的均衡，並重視社會福利及生活品質的提升。

四十年朝野共同努力的結果，臺灣對外貿易大幅擴張，成爲世界排名第十三的貿易大國，是世界少數幾個新興工業國家之一。可是民國七十六年解嚴之後，原被長久壓抑的社會力頓然爆發，政治、社會、經濟都面臨轉型的衝擊。偏偏此時新臺幣又大幅升值。兩岸敵對關係舒緩後，中國大陸的低工資吸引了臺灣廠商，大批的工商業者遠走中國大陸沿海各地。蕭部長上台的七十九年，第一、二季的經濟成長率已有減緩跡象，製造業的生產指數已呈現負成長，設備利用率已見小幅降低，而物價上漲率連續六個月都在百分之三以上。同時，對外貿易、投資活動、就業市場的統計數字，也都呈現負成長。

輕油裂解是石化工業的火車頭，石化工業佔臺灣經濟總產值，狹義界定達百分之二十，廣義界定達百分之四十。中油的五輕廠由於高雄後勁地區居民反污染，強力抗爭，已歷經三任經濟部長不得化解。

蕭萬長苦思對策，有天靈光乍現，自己既然能講臺語、深知民瘼，如能誠心溝通，或可化解僵局，所以就輕車簡從，五次南下後勁拜訪反五輕民眾，並夜宿後勁，還請郝院長一起參加溝通大會，一起做出回饋承諾。皇天果然不負苦心人，蕭部長的詳細解說和誠摯態度獲得後勁民眾的認同，已延宕了數年的五輕終於在蕭萬長上任三個月後開工興建。

台塑集團的六輕，比五輕麻煩多出好幾倍。

台塑原已購買宜蘭利澤工業區的土地作爲六輕建廠之用，但宜蘭縣長陳定南不同意六輕在宜蘭建廠。王永慶興沖沖地和陳定南上電視辯論，但是說服不了陳定南，也說服不了宜蘭縣民，因此遠走美國，並從美國轉赴北京，受到鄧小平禮遇，乃初步擇定福建省海滄的幾千公頃土地做爲六輕的新基地。這塊大基地每公頃只賣給王永慶新臺幣十六萬元。

蕭部長深知王永慶的經營手法。如果六輕建在海滄，所有上中下游產業會像肉粽那樣一整串出走，勢將對臺灣的經濟發展動能造成重大減損作用。因此先打消王永慶出走的念頭，便成爲當務之急。

蕭部長請擔任皮包公會理事長的友人戴一義帶了一封私函去北京見王永慶，這一封信對政府福國利民的苦心和改善投資障礙的決心做了闡釋。王永慶和戴一義素睦，戴一義很快地帶回王永慶善意的回應。稍後王永慶交代胞弟王永在總經理和蕭部長認眞交涉每一環節。

第一環節當然是六輕不去海滄，那麼要在臺灣哪裡？

蕭部長和王永在總經理於是開始找地之旅。第一站看桃園觀音鄉，因爲台塑在那裡已經買了一些土地，縣長劉邦友也表歡迎，但蕭部長必須整體考量。他的整體考量是杜邦被彰化鹿港居民氣走後，中意觀音；杜邦也是大投資案，蕭部長力勸王永在，把觀音留給杜邦，以免杜邦加上六輕，觀音鄉的環保承載過重。

蕭部長建請王永在考慮他的家鄉嘉義，因爲嘉義的東石鄉鰲鼓地方已塡海造出六百公頃新生地，如果再整理外傘頂潟洲，廠地便綽綽有餘，未料嘉義縣長陳適庸與蕭部長意見相左。

陳適庸反對，可是雲林縣長廖泉裕卻躍躍欲試，因爲稍早廖泉裕爲了讓濱海地區麥寮「風頭水尾」窮苦大翻身，所以已開闢了兩百公頃用地，可是，議會對利息負擔過重，頗有微詞，廖泉裕認爲如果迎來台塑，便就一舉解決問題。有一天，蕭部長和廖縣長、王永在總經理三人同車去臺西現場履勘，現場風沙大作，站都站不穩，蕭部長正納悶這種條件如何建廠？豈料王永在卻當即認可，說抽濁水溪溪沙，造防風林，即可有效擋掉風沙。

用地解決了，台塑原在利澤買的兩百多公頃土地，也敲定由政府原價加利息買回。此時台塑提出不是從生產乙烯開始，而是從煉油起頭的要求。煉油原由中油公司壟斷，台塑要煉油，必須由更高層核可。郝柏村院長答得明快：如果中油不反對、如果法律無禁止，部長批可，其餘由院長負責。

繼煉油之後，台塑提出了另一個難題：他們自己要建一個海港。客觀的事實是六輕的原油進廠和產品出廠，如果利用原有海港，那麼海港和道路都不能負荷，所以台塑自己建港有其必要。可是「商業港法」明定私人不可建港。蕭部長苦思對策，最後是在「產業升級條例」中加入工業港條款，滿足了台塑要自己建港的需求。

用地解決了，台塑要煉油要建港也同意了，資金呢？

蕭部長請交通銀行董事長梁國樹專案研究。梁國樹的答覆是，六輕可獲利，由交通銀行主責數千億元的聯貸案沒有困難。

用地、煉油、建港、資金這四大難關解決了，可是後續的問題還有一籮筐。蕭部長和經濟部工業局長楊世緘有很長一段日子，晚飯後到台塑移樽就教，把問題一個一個解決，台塑終於在民國八十年八月宣布在雲林建廠，民族工業家王永慶才從美國紐澤西州快樂地搬回臺北。

五輕終於得以建廠、六輕不出走中國海滄，是蕭部長在經濟部長任上做出的第一件大成績。寫作本書時，蕭萬長告訴我，他後來每次搭行政專機南來北往，從飛機上，下瞰五輕和六輕龐大的廠區，心中都會一陣悸動。

我因此問蕭萬長：六輕好像工安事件不斷，附近居民對六輕造成污染也頗有微詞。

蕭萬長的完整答覆如下：

石化工業是重要工業，對環保的衝擊難免，但人力可以克服大部份問題。以新加坡爲例，全國幅員只有臺北市的一點二五倍，但他們仍大做石化工業，環保問題處理得無懈可擊。至於工安，是所有工業的共同要求，德國、日本最重視工安，德國、日本同樣發展石化工業，但工安沒有出過大問題。我當年核可六輕，即鄭重要求台塑當局，要做好環保，要做好工安，而且要有做高級產品的決心。新加坡、德國、日本能夠做到的事情，我們沒有理由做不到，因此政府主責單位和六輕的業主都應該再加把勁！

本節一開始，筆者即指出，民國七十九年的臺灣經濟情況是成長減緩、物價高漲，而且國際經濟局勢也動盪不安。

其實，如果仔細檢查數字，早在民國七十六年，由於國際貿易保護主義的壓力，以及新臺幣大幅升值的衝擊，再加上工資上漲的不利影響，我國工業生產指數年增率已由民國七十六年的一〇．七%驟降至七十七年的四．四%，民國七十八年再降至三．七%。其中製造業也從同期的一一．二%降到三．八%，再降到三．四%。這段時間由於股市蓬勃發展，導致服務業欣欣向榮，造成繁榮的假象，其實工業部門的成長已走下坡，埋下隱憂。到七十九年，由於全球性景氣低迷及國內投資環境惡化，股市一蹶不振，連帶使服務業每下愈況，更使得整個經濟疲態畢露。更麻煩的是屋漏偏逢連夜雨，國際油價忽然大幅上漲，形同雪上加霜；低成長和高物價成爲政府兩頭作戰的大敵。

政府在哪裡？經濟事務的政府當然指的就是經濟部，經濟部找誰負責？當然找經濟部長蕭萬長。

蕭部長當然知道日子不好過。七十九年十月十五日他第一次到立法院向經濟委員會做施政報告，在讓立委瞭解當時的實況後，蕭部長指出，經濟部已成立「中小企業融資服務團」協助中小企業改善財務管理，協助中小企業爭取融資機會，並且已與中央銀行和財政部商妥具體辦法。

之二，經濟部將盡全力維持物價穩定，包括已協調中央銀行穩定匯率，將合理調整油價，將在必要時以機動降低關稅增加物資供應，並將嚴防聯合壟斷操縱物價。

當然最重要的仍然是要有效刺激民間投資意願，因此「加速製造業投資及升級方案」出爐。

至於長期策略，蕭部長把加速製造業升級、輔導中小型工商業發展、整合規劃對外投資、擴大並平衡對外貿易發展的各項落實方案向立委做了詳細報告。

向立法院報告只需要花幾個小時工夫，把短期和長期策略逐一推動卻是每天持續不斷的工作。蕭部長和同僚每天苦幹。民國八十一年十二月卅一日蕭部長向立法院經濟委員會做經濟部長任上的最後一次施政報告時，除了物價尚未恢復平穩外，各項指標數字，都讓蕭部長可以問心無愧地大聲宣讀了。

之四

臺灣是經貿大國，必須與國際社會保持緊密聯繫，
加入APEC（亞太經濟合作會議）
和重返GATT（關稅及貿易總協定）成爲絕對必要。
蕭萬長於經濟部長和經建會主委任上，
在這項使命上著力殊多，表現耀眼。

APEC全名爲Asia Pacific Economic Cooperation，中文即爲「亞太經濟合作會議」。

APEC成立於一九八九年，爲亞太地區二十一個經濟體（economy）高階政府官員之間的諮商論壇。

一九八〇年代區域經濟整合之趨勢興盛，澳洲前總理霍克（Bob Hawke）於一九八九年初提議在亞太地區成立一經濟論壇，希望經由各會員體部長之間的對話與協商，尋求亞太地區經貿政策之協調，促進亞太地區貿易暨投資自由化與區域合作，維持區域之成長與發展。此一倡議立即得到包括美國在內的亞太各國的積極響應。

APEC採用自願性原則，具論壇性質，所作的決議不具拘束力。同時，APEC不是一個貿易區塊，而是一種開放性區域協會，各會員體政府之間所達成貿易自由化的協議，都將適用於其他非會員體。這就是APEC之開放區域主義（open regionalism）的精神。

我國一開始就申請加入，後來在美國國務卿貝克的斡旋下，於民國七十九年，得與中共、香港同時入會。八十年十一月，第三屆APEC部長會議在漢城舉行，經濟部長蕭萬長率團首次代表我國參加會議。工商協進會理事長辜振甫為隨團最高顧問。

辜振甫中、英、日語俱佳，是臺灣產業界大老。在臺灣被排除出聯合國後，辜先生憑著熱心和愛國赤誠，事實上成為我國民間經貿大使。他深諳涉外交橋段，遊走國際，備受歡迎。尤其是他與日本政商兩界人際關係之深厚，無人能比。

動用了辜振甫以及其他所有能夠動員的關係，蕭部長除了參加正式會議以外，還分別與十二國部長作雙邊經貿諮商。蕭部長抱病出席參加會議，但不曾喊苦，也沒有半句怨言。

第三屆會議發表了「漢城宣言」，揭示APEC的成立宗旨，明言維持亞太地區的經濟成長、增加會員體間經濟之相互依存度、加強開放多邊貿易體系，以及在不損害其他經濟體利益的前提下，減少各會員體間商品、服務業貿易和投資之障礙等目標。

民國八十一年九月，APEC第四屆部長會議在泰國曼谷舉行，蕭部長再次率團參加，依舊馬不停蹄，行程滿檔，收穫豐碩。

到了民國八十二年，APEC開始在部長會議之後增辦由各國元首參加的高峰會議。臺灣屈從於國際現實，李登輝總統未能與會，已經轉任行政院經濟建設委員會主任委員的蕭萬長，代表李總統前往美國西雅圖參加高峰會議。蕭萬長除了與各國元首廣泛接觸外，並且以臺灣中小企業的發展和經驗做專題演講，得到與會各國元首的讚賞。

民國八十三年十一月，APEC元首高峰會在印尼雅加達舉行，蕭萬長以經建會主任委員的身份再次代表李總統參加，與各國元首分別會談外，還以臺灣的農業發展爲題發表演講，與會元首對臺灣特殊的農業經驗紛表讚佩。

經過了連續四年兩次部長會議兩次元首高峰會，充滿自信笑容的臺灣Vincent Siew成爲國際知名的政治領袖。

當然最重要的是，臺灣終於能夠在經貿事務上重返國際，得能和各個關係密切的亞太國家，進行官方的直接磋商。唯一遺憾的是，高峰會各國元首雲集，獨有中華民國總統迄今不能參加。

第二次世界大戰後，各國檢討戰禍起因，認爲除了政治因素外，經濟因素亦是主因，因此各國均認爲亟須建立一套國際經貿組織網，以解決彼此間之經貿問題，其基本理念與〈禮運大同篇〉「物盡其用，貨暢其流」的理想甚爲近似。各國除了同意成立聯合國外，並進一步建構世界銀行（World Bank）、國際貨幣基金（International monetary Fund）、以及國際貿易組織（International Trade Organization, ITO）。並於一九四八年三月在哈瓦那舉行之聯合國貿易與就業會議中通過ITO憲章草案。惟後來因美國政府將成立ITO的條約送請其國會批准時，遭到國會反對，致使ITO未能成立。

ITO雖然未能成立，但當時ITO包括中華民國在內的二十三個創始會員，曾在一九四七年展開關稅減讓談判，談判結果達成四萬五千項關稅減讓，影響達一百億美元，約占當時

民國八十年十一月，在APEC漢城部長級會議開幕議場。辜振甫、王志剛同行。（上）
民國八十一年九月，出席APEC在曼谷舉行的部長級會議。圖為泰皇接見與會各國代表。左一為蕭萬長部長，左二為新加坡副總理李顯龍。（下）

民國八十二年十月，經建會主委蕭萬長首度代表李登輝總統赴美國西雅圖參加APEC領袖會議。合照於Blake島會場前。

民國八十三年十一月，蕭萬長再次代表李登輝總統赴印尼雅加達參加APEC領袖會議。
圖由左至右為，澳洲總理、汶萊國王、加拿大總理、智利總統、中國國家主席、香港總督、韓國總統、馬來西亞總理、美國總統、印尼總統、日本首相、秘魯總統、紐西蘭總理、巴布亞新幾內亞總理、菲律賓總統、新加坡總理、臺灣蕭萬長主委、泰國總理。

世界貿易額十分之一。各國爲免籌組ITO之努力完全白費，且美國政府參與關稅減讓部分之談判已獲國會之授權，因此包括美國在內之各國最後協議，將該關稅談判結果，加上原ITO憲章草案中有關貿易規則之部分條文，成爲眾所熟知之「關稅及貿易總協定」（General Agreement on Tariffs and Trade, GATT）。另鑒於美國國會並未批准加入ITO，各國亦同意，以「暫時適用議定書」（Provisional Protocol of Application, PPA）之方式簽署GATT。雖然GATT之適用法律基礎係臨時性質，且係多邊協定，並無國際法上之人格地位，但卻是自一九四八年以來成爲唯一管理國際貿易之多邊機制。

由於GATT僅是一項多邊國際協定，以GATT爲論壇所進行之歷次多邊談判，雖係以關稅談判爲主，但在理論上都是對原有協定之修正，因此每一次之多邊談判稱爲回合談判。自GATT一九四八年成立以來，迄今共舉行八次回合談判，其中以第七回合（東京回合）與第八回合（烏拉圭回合）談判最爲重要，因爲這兩回合的談判，除了包括關稅談判之外，亦對其他之貿易規範進行廣泛討論。

期間，一九七一年聯合國排除我國會籍，GATT遂同步除名。

蕭萬長早在國貿局長任上就發現以美國爲首的貿易談判壓力，完全是按照GATT的規範，因此便於民國七十七年五月在國貿局成立「GATT專案小組」積極研議重返GATT的相關準備工作。小組下設關稅、非關稅、農業、智慧財產權、投資、服務及綜合業務七個工作分組，分別進行相關研議。轉任經建會副主委後，蕭萬長擔任經建會「加入GATT推動小組」召集人。到了民國八十年七月，美國布希總統明確表示支持我國加入GATT的堅定立場，對我國產生極大激勵作用。

已升任經濟部長的蕭萬長，於民國八十一年九月啓程前往歐洲，與GATT理事主席舒其、秘書長鄧肯、審查入會小組主席莫蘭會談，爭取我國成爲GATT的觀察員。這是距離我國正式提出申請四年後頭一遭，經濟部長親自出馬。中共早我國四年提出「恢復會籍」的申請，但迄無結果。

中共和臺灣的入會，因爲被認爲有競合關係，所以舉世矚目。其實我國早已沒有什麼「漢賊不兩立」政策，但中共仍有「一個中國」政策，幾經折衝，包括現在還不能公開的一些努力，臺灣終於能以「臺澎金馬關稅領域」名稱，成爲GATT的觀察員。

豈料做到流汗，不明事理的幾位立委嫌到流涎。蕭部長回國後被召到立院做專案報告，他據實明白告訴立委諸公，我國是依照關貿總協定第三十三條款申請入會，享有獨立、自主的關稅領域身分；至於代表團不能比照大使層級，只能設常任代表，是由於與地主國瑞士無邦交的緣故。

基於自尊，凡我同胞，包括蕭萬長，都不會滿意我們受到差異對待，可是基於生存發展才是硬道理，蕭萬長深知不能忍辱參加GATT以及其後改組而成的WTO（世界貿易組織），對我國自由化、國際化的大目標勢必造成戕害。

蕭萬長出訪歐洲前剛治癒胃出血，據當時報章報導，向立委報告後回到經濟部的蕭部長，氣得臉色發白，幾度噁心。我寫作本書時，向蕭萬長查證有無此事，蕭萬長說，過去的事了，不再提了。

已故臺灣經建大功臣李國鼎在口述歷史《話說臺灣經驗》一書（卓越文化公司、民國八十二年初版、康綠島著）裡頭說：臺灣的經濟發展政策，基本上是以一種務實的哲學爲出發點，循序漸進，絕不好高騖遠，並且在適當的時機，採取適當的政策。

務實者，不務虛之謂也；不喊口號，能爭得多少先爭得多少之謂也；有多大能耐就訂多高標竿之謂也；如今回頭去看二十年前的往事，當年謀國者之苦心孤詣，依然鮮明。

民國八十四年元月一日，GATT轉型爲WTO（World Trade Organization，世界貿易組織）。GATT多年來扮演國際經貿論壇之角色，正式取得法制化與國際組織的地位，更重要的是WTO爭端解決機構所作之裁決對各會員國有拘束力，也因此各項國際貿易規範得以有效落實。

就臺灣的生存發展而言，臺灣終於能夠在民國九十一年一月一日成爲WTO的會員，是非常重大的事體。

之五

讓臺灣成爲「亞太營運中心」是一個巨大的創想，
蕭萬長在經建會主委任上提出了詳細規劃，
而且至今相信，它是臺灣最佳的出路。

民國七十九年郝柏村出任行政院長之後，要經建會幫他規畫「六年國家建設計畫」。這項龐大的建設計畫，總經費超過八兆，並且已經連三年開啓財政赤字的大門，三年下來舉債總額已高達八千億元。

民國八十二年郝柏村請辭下台，由連戰組閣。李連二人都認爲六年國建大而無當，尤其最不同意的是建設經費過於龐大，認爲國家財政不能負荷，所以要改弦更張。如何改弦更張，責任便落在從郭婉容手上接過經建會主任委員印信的蕭萬長身上。

國家建設必須「有多少米，煮多少飯」，如果不得已要向別人借米，就必須算好，何時可以歸還；因爲國家必須永續經營，不能只管今年，不管明年或者以後五年、十年、二十年。

蕭主委和經建會同仁通盤檢討後，認爲以當時國家歲入規模，確有縮小必要，因此花了一番功夫，把「六年國建計劃」濃縮成「新十二項建設」。

國家建設，不同的眼光會有不同的思維，不同的思維會有不同的規劃。

蕭主委在經建會期間，最花心力的是規劃建設臺灣成爲「亞太營運中心」。

幾經籌劃後，民國八十三年十二月，蕭萬長在經建會主委任上提出「亞太營運中心」大創想。

當時，臺灣的主體產業是電子科技，但以代工爲主，無自有品牌，只賺取微小差額，而且產品生命週期有限，如果不能不斷創新升級，則後有追兵，優勢隨時不保。

經建會主責國家經濟大戰略的規劃，蕭主委嫻熟國際事務，他看到國家長程的願景，認爲在東亞經濟崛起的大趨勢下，只有自我定位爲東亞營運的樞紐，才能立於不敗之地。

國內一流學者如臺大經濟系主任薛琦，國外一流專家如大前研一（當時是知名的麥肯錫機構的亞洲總裁），如劉遵義（當時是史丹佛大學教授、中研院院士）都參加了規劃工作，花了將近兩年時間，才提出完整規劃報告。

「亞太營運中心」包括六大範疇，即高科技製造、金融、電信、媒體及海運、空運，每一項都訂有完整的落實方法，希望凡是外資想要來經營東亞市場的，除了以臺灣爲基地，把總部設在臺灣外，沒有更好選擇。

現在回過頭去看，蕭萬長認爲：電信中心做得很成功，高科技製造中心也有成果，海運中心和空運中心由於後來有「戒急用忍」國策，所以沒有成績。金融中心力有未逮。至於以文化創意產業爲主軸的媒體中心，現在才開始進入啓動階段。

二〇〇八年馬蕭在總統大選獲勝之後，開始大力推動桃園航空城計畫，便是當年空運中心的延續。

蕭萬長回憶，當年「亞太營運中心」的規劃公表後，國際矚目，對臺灣的企圖心深表讚佩。後來的發展，國內人士毀譽參半。蕭萬長認為，如果當年能依規劃逐一落實，今天臺灣的面貌會大不相同。

假如再繼續推動呢？蕭萬長的答覆是：國家建設永遠不嫌晚。

之六

蕭萬長做了一年行政院大陸委員會主任委員，
他宣布兩岸關係以經貿為主軸，
恰如其分地扮演了那個時間點的歷史角色。

民國八十三年十二月，蕭萬長改任行政院大陸委員會主任委員。蕭萬長在這個位子上只做了一年，可是做了很多事情。

蕭萬長上台第一件事情是提出「以經貿為主軸」的兩岸關係政策重點。

兩岸對峙數十載，歷史走到民國八十二年，兩岸在新加坡舉行第一次辜（振甫）汪（道涵）會談。國際上對第一次辜汪會談備極矚目，並一律解讀為兩岸和解的歷史里程碑。兩岸既已走向和解，那麼兩岸和解的結局如何？這是舉世關注的新焦點。

當時，李登輝總統認為，在「可預見的未來」，兩岸和解只意味兩岸經貿互惠，這與蕭萬長的信念相同。因此宣布兩岸關係以經貿為主軸，自然具有向世界明確界定兩岸關係的作用。這種明確界定在國際均勢大局中，是我國必須審慎以對的重大事體。

有第一次辜汪會談，當然就會有第二次、第三次。準備第二次辜汪會談，自然列爲陸委會的工作重點。辜汪會前必有多次事務性協商，一切都按部就班地進行。

八十四年二月，陸委會完成「臺港澳交流計畫」，也通過「現階段加強兩岸人民交流規劃方案」。四月，發布「大陸地區人民來臺從事經貿相關活動許可辦法」以及「大陸地區交通專業人士來臺從事交通事務相關活動許可辦法」。五月發布「大陸地區農業專業人士來臺從事農業相關活動許可辦法」及「境外航運中心設置作業辦法」。八月，發布「大陸地區環境保護專業人士來臺從事環境保護相關活動許可辦法」。九月發布「大陸地區財金專業人士來臺從事財金專業相關活動許可辦法」。十月，臺港航權談判達成協議。

兩岸一大一小，但當年兩岸互動的主動權和議題設定權在我方；可見爲了追求兩岸和平發展，我方費了很大心力。

可是，第二次辜汪會談一波三折。

扼要回顧一下兩岸兩會接觸歷史，有助於掌握當年兩岸情勢。

民國七十六年十一月二日，政府宣布開放臺灣民眾赴中國大陸探親。這項開放衍生出走私、偷渡、犯罪及各種民間糾紛，且涉及層面日益擴大，亟待雙方善意謀求解決。

八十一年元月八日，中國大陸海協會致函邀請我方海基會董事長辜振甫率團訪問大陸，就雙方聯繫與合作事宜交換意見。經過多次繁瑣的會前協商後，中共接受我方建議，擇定八十二年四月於新加坡舉行第一次辜汪會談。該次會談簽署了四項文件，即「兩岸公證書使用查證協議」、「兩岸掛號函件查詢、補償事宜協議」、「兩會聯繫與會談制度協議」及「辜汪會談共同協議」。

第二次辜汪會談原訂八十四年七月舉行，可是中共方面卻在八十四年臺灣直選總統前藉故中斷協商，拒絕履行協議，並推遲第二次辜汪會。後來在我方持續努力下，才改爲辜振甫率領「海基會大陸訪問團」於八十七年十月十四日啓程前往中國大陸訪問五日。這個訪問團在上海舉行了「辜汪會晤」然後轉往北京與中共國家主席江澤民會晤。

這段期間，中共有「江八點」，我方有「李六條」。中方錢其琛提出「一個中國原則」並聲言雙方可商談我方國際活動空間問題。辜振甫則提出「分享民主經驗」、「促進兩岸農業合作」及「希望兩岸最高領導人在APEC見面」三課題。

兩岸兩會高來高去，只有「汪道涵將適時回訪」是立即可行的結論。

但汪道涵回訪臺北一事，當事務性安排得差不多時，李登輝總統發表了「兩國論」，成爲對岸變卦的口實。民國八十九年，臺灣政黨輪替，對岸不滿陳水扁總統不承認「九二共識」，兩岸兩會協商遂告中斷。後來辜汪兩人先後過世。一直到臺灣再次政黨輪替後的民國九十七年六月十一日，我方的海基會新董事長江丙坤才和對岸海協會的新會長陳雲林在北京舉行第一次江陳會。

把時間拉長，即使兩岸現狀的始創者蔣介石和毛澤東，也都只是光陰的過客。作爲陸委會主委的蕭萬長，也只是在那個時間點的歷史舞台上，恰如其分地扮演一個角色；筆者如果對蕭主委三百多天的工作過甚其辭，反而只會突顯一己對歷史的無知。

之七

轉換跑道幹起立法委員的蕭萬長

號召各黨派立委八十三人組成「立法院財經立法促進社」，

促成六十件財經法案通過三讀。

此外他還任李連競選總部總幹事，

任國發會和修憲的要角，並且都順利達成使命。

民國七十九年，政府順應學生示威運動的要求，召開國是會議。國是會議幾經波折，作出「總統直選」的共識。首次直選總統應該在民國八十五年舉行。

連總統也需直選，這就表示一個民意政治新時代的到來，李登輝總統於是開始公開倡議政務官最好能夠體驗選舉的淬煉。

任行政院大陸委員會主任委員的蕭萬長，有一次在參加國民黨中常會後，被召入主席辦公室，李登輝先笑說，有人要害他去參選，然後問他對政務官參選的看法，蕭萬長回說自己不適合選舉這條路，李登輝便沒有再說什麼。過了不久，同樣是中常會後，蕭萬長又被召入主席辦公室，這一次李登輝開門見山，希望蕭萬長回去嘉義競選立法委員。李登輝顯然不是商量，是總統兼黨主席下令。蕭萬長心知肚明，只能應命。

民國八十四年，蕭萬長回嘉義市參與立委選舉。圖為與夫人掃街。

蕭萬長雖然是嘉義人，可是北上讀大學後就一直在外服公職，腦子裡也從不曾有過參加選舉的念頭。

嘉義市人對有一位鄉親在臺北作大官，名字叫蕭萬長，當然清楚。不過嘉義市經過許世賢、張文英、張博雅母女三人幾十年經營，「黨外」勢力鼎盛。立委只有一個名額，當任立委蔡同榮支持力量穩固，他已宣布爭取連任。

對於蕭萬長回鄉參選立委，當年小道消息很多。有的人相信，國民黨派蕭萬長參選，目的就是要打敗蔡同榮。有的人相信，蕭萬長在APEC的國際場合出盡鋒頭，所以被拱去選立委，選贏了就困綁在立法院，選輸了就在高層逐鹿上少掉一個強勁對手。也有人凡事善解，相信是李登輝在刻意培植接班人。

既已答應參選，去弄清楚有無蹊蹺也就沒有必要。蕭萬長南下開始選舉奔波。群眾演講從來不是蕭萬長的強項，不過三任部會首長的光環和政績，再加上天生誠懇的姿態，很快便聚集了可觀的人氣。支持蔡營的人說，如果選蕭萬長，那麼中央少了一位好部長，嘉義失掉了一位好立委。李登輝專程南下，對著黑壓壓的人群說：蕭萬長已經在中央擔任過三個部會首長，要他回鄉競選，「我嘛足無甘」（我也很心疼），不過爲了將來承擔更大責任，不得不讓他面對選民的考驗。嘉義父老聽得懂李登輝總統的意思。嘉義市選舉的傳統，投票前一夜，各方人馬在中央噴水池拚場，現場萬頭攢動，雙方鑼鼓喧天，勝負要二十四小時後才揭曉。

隔天晚上七時，蕭萬長以領先八千多票當選。蔡同榮雖然落敗，但拿到的選票比上一屆還多出一千多票，可見兩黨動員之徹底。

我基於公道，必須在這個段落說一件事。蕭萬長擔任行政院長的第一個春節，邀我一起回鄉盤桓兩天一夜。我清楚看到嘉義鄉親對他是「尊敬」，對蕭夫人卻是「喜歡」；在選舉上，通常「喜歡」帶來的選票較多。

李登輝總統向嘉義人明示蕭萬長選立委是「過場」，但總不會只「過場」幾天吧！因此蕭委員便就做出幹好立委的打算。

有感於立法延宕對經濟建設造成的阻害，蕭委員決定號召各黨派立委共組「立法院財經立法促進社」，計有各黨派立委八十三人參加。他們利用會餘時間座談立法要領，然後同心齊力推動法案審查，前後竟能讓六十件財經法案通過三讀，可見事在人爲。

蕭萬長有幾位很有交情的民進黨委員朋友，就是在這段期間結交的。比如說農運大將林豐喜委員對國民黨素無好感，對蕭萬長卻二話不說；比如說經營華陶窯的陳文輝委員，每次蕭萬長路過苑裡去看他的時候，他親自用心準備野菜，擺滿一大桌。

蕭委員果然不是陽春立委，他兼任李連競選正副總統總部的總幹事。八十五年三月，李連以過半數選票當選首次民選正副總統。

八十五年十二月，國家發展會議召開，蕭委員出任國民黨一方的副召集人。

八十六年七月，國民大會進行修憲，要精省，要終結國民大會，蕭委員任國民黨修憲小組召集人。

這三件大工作，都是蕭萬長沒有過經驗的新承擔，幾番拚命，也總算都圓滿達成了使命。

早在五月份，李登輝總統已面告蕭委員：請您開始準備組閣。

剛進外交部，
常要幫訪客拿行李的
小科員蕭萬長。（右）
民國五十三年，
馬來西亞國會議員
一行拜會臺灣省議會，
由議長謝東閔（前排左三）
親自接待。二排左二為
外交部科員蕭萬長。（上）
民國五十五年三月，
外放馬來西亞，
在松山機場與家人話別。（下）

民國六十八年，
在國貿局副局長任上，
負責籌備美國商品展覽會，
蔣經國總統蒞臨致詞。（右）
民國六十七年十二月，
經濟部次長汪彝定與
美國貿易談判副代表
Steve Lande（蘭弟）
簽訂永久最惠國待遇協定。
蕭萬長副局長負責
完成簽約前的談判。（左上）
民國七十年十二月，
美國貿易代表
桑德士來訪。（左下）

民國七十一年一月，國貿局長交接，左為卸任局長郘學錕，右為新任局長蕭萬長，中為監交人經濟部長趙耀東。

典藏歷史 聯合報 一甲子記錄時代
聯合報60 建國100 意象101攝影展
1988/3
蕭萬長遭蛋洗
1988年3月21日，為了抗議政府開放美國火
雞肉進口，近萬千位雞農來到國貿局，以雞蛋
「蛋洗」時任國貿局局長的蕭萬長，「微笑老
蕭」一臉苦笑，帶著滿頭滿身的蛋殼離去，當
時他父親才因病過世剛入土沒幾天。
那一年台灣在美方壓力下開放火雞肉進口，
甚至進口雞內臟，引爆農民的不滿，這次的抗
議事件讓美方瞭解台灣農民的憤怒，答應讓
畜產品延後一年進口。
展場：台北101大樓1樓大廳（免費入場）
89樓觀景台（需購票入場）

交接典禮

民國七十七年，接見美國參議員洛克斐勒（上）。民國七十七年三月，南部數千名雞農北上抗議美國要求我國開放進口火雞肉，抗議民眾蛋洗蕭局長，這張相片和「微笑老蕭」連再一起，流傳最廣（中、下）。

民國七十九年六月，
接任經濟部長。(右)
民國八十年一月，
第七屆中法經濟合作會議
在臺灣舉行(上)，
並接見
法國首席代表傅魯。(下)

僚會談 中華民國 代表團
27日～9月 1日

民國七十九年八月，率團赴韓國與其經濟閣員舉行第二十三次中韓會談。（右）
民國八十年四月，參訪新加坡石化工業。（左）

民國八十年五月，美國前總統福特來訪（右）。

民國八十年五月，來訪的美國前總統福特夫人，在宴會上與經濟部長蕭萬長夫人朱俶賢會晤。（上）

民國八十年十一月，美國前國務親舒茲來訪。（中）

民國八十年十二月，舉行第二屆中印能源會議。經濟部蕭部長陪同印尼首席代表進入會場。（下）

民國八十年五月，
經濟部長蕭萬長率團訪問法國，
考察法國核能電廠。（上）
民國八十年十一月，
蕭萬長代表我國第一次參加APEC
在漢城舉行的部長級會議（左），
並與新加坡工商部長李顯龍會談。（下）

APEC
ASIA PACIFIC ECONOMIC
THE THIRD MINISTERIAL
12-14 NOVEMBER 1991,

民國八十一年一月，委內瑞拉前總統卡德拉等一行拜會經濟部長蕭萬長。（右）

民國八十一年一月，法國外貿部長詹納（左二）來訪。（上）

民國八十一年二月，訪巴拉圭共和國。（下）

民國八十一年四月，荷蘭外貿部長范洛依等一行拜會經濟部長蕭萬長。（右）

民國八十一年五月，來訪的法國前總統季斯卡拜會經濟部長蕭萬長，中為法國駐華代表。（上）

民國八十一年五月，來訪的新加坡副總理李顯龍拜會經濟部長蕭萬長。（下）

民國八十一年十月，來訪的比利時外貿易部長于班拜會經濟部長蕭萬長。(上)

民國八十一年十一月，歡宴來訪的德國副總理繆勒曼暨經濟部長。(中)

民國八十一年十二月，來訪的美國貿易署長奚爾斯拜會經濟部長蕭萬長。(下)

民國八十一年十二月，於經濟部長任上參訪日本國會議堂。(左)

美國柯林頓總統親簽致送之留念照片。

民國八十二年十一月，經建會主委蕭萬長在花旗銀行當代意見領袖系列午宴上與美國前總統老布希晤談（上）。民國八十二年十一月，經建會主委蕭萬長參加花旗銀行舉辦之「亞洲領袖論壇」，與美國前國務卿鮑爾合影（中一）。民國八十二年出席西雅圖APEC領袖會議時與新加坡總理吳作棟、印尼總統蘇哈托合影（中二）。與美國柯林頓總統合影於遊船上（下）。

民國八十三年四月，經建會主委蕭萬長陪同李總統登輝訪問非洲。與史瓦濟蘭國王合照。

民國八十三年，
英國前首相柴契爾夫人訪華
與蕭萬長在餐會上晤談。（上）
民國八十三年，參加行政院
連戰院長訪問團拜會馬來西亞
總理馬哈迪。（中）
民國八十三年四月，
陪同李總統登輝訪問印尼，
接受其科技部長
哈比比（後任印尼總統）
歡迎。（下）

民國八十三年五月，蕭萬長主委訪問南非，拜會孟德拉總統。

民國八十三年五月，訪問南非時拜會前總統戴克拉克。（上）

民國八十三年七月，來訪的瓜地馬拉總統戴雷昂（左七）與經建會主委蕭萬長於座談會後合影留念。（下）

民國八十三年九月，蕭萬長主委訪問新加坡，拜會李光耀資政（上）。民國八十三年十一月，美國國務親貝克來訪（下）。

民國八十三年六月，外交部長錢復代表政府贈勳印尼科技部長哈比比，經建會主委蕭萬長舉杯祝賀。

民國八十三年參加
雅加達APEC領袖會議的各國代表，
由左至右，為江澤民主席、
澳洲總理、馬來西亞總理、
巴布亞新幾內亞總理、
汶萊國王、蕭萬長主委、加拿大總理、
菲律賓總統。（右）
民國八十三年十一月，
雅加達APEC領袖會議之國宴。（左）

民國八十四年五月，
蕭主任委員主持兩岸經貿試務
人才研習班第五期開課。（右）

民國八十四年，
蕭萬長選立委時在嘉義大學
以嘉義市街圖為背景
拍了這張定裝照。（左）

卷肆

拜相組閣

卷肆 拜相組閣

之一

李登輝在經歷八年總統歲月後，
認定臺灣的經濟榮景是臺灣安全的最大保障，
認定臺灣主體意識在兩岸分治五十年後乃勢所必然，
所以當歷史走到民國八十六年，便見蕭萬長登上閣揆大位。

先讓我們一起回顧一下民國八十年前後五年的歷史。

民國七十五年，中央民意代表改選前夕，部分黨外人士突破戒嚴法禁令，宣布成立民主進步黨，解散萬年國會成爲最主要的政治抗爭議題。

民國七十六年，蔣經國宣佈即將解除戒嚴。

民國七十七年一月，蔣經國總統去世，副總統李登輝繼任總統。

民國七十九年，國民大會召開，要改選正、副總統，大學生群集中正紀念堂進行野百合示威，要求終止萬年國會。國民黨內主流、非主流對抗激烈，最後李登輝勝出，與李元簇當選正副總統。順應學生示威要求召開的國是會議，達成總統直選的共識。

民國八十二年二月，李登輝總統與郝柏村院長失睦，郝院長請辭，連戰接任行政院長。民國八十四年底，縣市長及立委改選，民進黨大有斬獲。較早一年，陳水扁在首都市長爭逐上贏過趙少康和黃大洲，成為政壇明日之星。政治情勢之激烈改變迫使國民黨加速臺灣化的進程。

民國八十五年，李登輝、連戰當選首次民選正副總統。連副總統兼任行政院長，民進黨立院黨團進行強力杯葛，連兼院長不能進立法院達一年半之久。釋憲案對副總統兼任行政院長做出「不違憲但不合宜」的解釋。

綜整以上條列式文字，民國八十五年的臺灣內部政治情勢解析如下：

一、民國三十六年在中國大陸選出的立監委國大代表，已經任職將近五十年，民意明白表示不再容忍。

二、繼部分黨員出走組成新黨之後，主流非主流之爭使得國民黨再次分裂。

三、民主進步黨再也不是「一小撮分歧份子」。民主進步黨這個本土政黨已經爭得非常多選民的支持，取得有效制衡能量，並且有進而逐鹿中央政權的可能。

四、李登輝得到社會最大的支持，但社會對他的支持以要求他做政治大幅革新為條件。

五、假如國民黨不能維持臺灣經濟的榮景，或者假如國民黨不能有效維護臺灣的主體性，那麼，國民黨也有被取代的可能。

從這幾年逐步揭露的資料可以明顯看出，民國七十七年以後做爲國家最高領導人的李登輝總統，面對激烈變動的臺灣社會，曾經不斷轉折。繼承大統伊始，他與大老尋求妥協以保大位。還由國民大會代表票選總統的時候，他許諾將繼承復國遺志，會帶他們回去中國大陸。「國家統一委員會」和「國家統一綱領」讓一部分人對他的臺灣本土身分找不到懷疑的藉口。

可是，到了民國八十五年，以百分之五十二的壓倒性選票勝過另外四組人馬後，李登輝開始篤定地認爲：

做好臺灣的經濟發展，確保人民生活的幸福，國民黨就可立於不敗之地。

臺灣和中國大陸已經隔離五十年，半個世紀的歲月，臺灣已經成爲一個堅實的主體，臺灣意識乃勢所必然。

中共假使能夠避開諸般劫難，崛起爲新興霸權，畢竟仍須與美國抗衡，所以兩岸和平應該追求，但不必懼怕中共的威脅。任何強化臺灣主體意識的改革，儘管放手去做。

基於以上體認，李登輝做出了修憲、精省、終止國民大會、終止動員戡亂、不再召開國家統一委員會會議、維護新聞自由、滋潤政黨政治等一連串作爲。

以財經壁畫和政治協調見長、本土弟子、久經歷練、正值盛年的蕭萬長，也就是在這樣的時代背景和那樣的元首思維下，被賦予組閣的重任。

之二

蕭萬長組閣準備時間長達三個月，
他按部就班，做足了各項準備工作。
八十六年九月一日以「民意至上、行動第一」爲號召，
開始他做爲行政院長的艱苦承擔。

李登輝總統在八十六年五月面告蕭萬長準備組閣。上台日期是九月一日。蕭萬長的立法委員辦公室在仁愛路二段，從六到八月整整三個月，蕭萬長和幕僚以及從各方面找來的助手，按部就班地做足了組閣前的各項準備工作。

這些準備工作包括：三十七個部會局署由誰擔綱？如何訂出大政方針？九月一日上任時立法院新會期同步開議，憲法第五十七條明定行政院向立法院負責，那麼，第一份施政報告如何敲定紮實內容？新閣拿什麼來號召全民？

還有一個問題：憲法第五十三條明文規定，行政院爲全國最高行政機關，從而行政院長就是全國最高行政首長。但憲法增修條文第二條明定「國家安全之大政方針」由總統決定。事實上在總統由國民大會票選改爲全民直選之後，在實際政治上，不管誰當總統，他就再也不會只是虛位元首。不管人民或總統本人，都要面對競選政見兌現的問題。因此，部分學者有我國已變成雙首長制之見。

釐清問題要聚焦在三個要點：

一、憲法既然明文規定行政院爲全國最高行政機關，而且對立法院負責，那麼行政院長就絕不會是總統的執行長，當然更不會是總統的幕僚長；因爲總統府秘書長當然才是總統的幕僚長。

二、憲法增修條文「國家安全之大政方針」一詞所指的大政，理當包括國防、外交、兩岸和財經局勢。但弔詭的是國防部、外交部、陸委會、財政部、經濟部和經建會都設在行政院。

三、行政院長來自總統任命，不管權責如何劃分，上下關係是很清楚的。民選總統的政績主要來自行政院施政的成果，這也是很清楚的。

那麼是不是好像總統和行政院長的關係很複雜、互動很弔詭？其實也不一定，因爲政治永遠是法制和人際關係的綜合。

蕭萬長對汪彝定局長和李登輝總統的尊敬，與他對尊翁芳輝公的尊敬等量齊觀。李蕭兩人的這種特殊感情，使得李登輝總統和蕭萬長院長的互動，必然變成「充分尊重李總統的旨意、商量應該商量的事體、勇敢承擔作爲一個行政院長應該承擔的責任」這樣的局面。

角色既已釐清，很多事情就比較好辦了。蕭萬長希望同胞不要把他侷限在經貿能耐，因此希望以「行動內閣」做爲號召。

行政院雖然總理各項政務，畢竟大體仍以政治民主、經濟繁榮、社會安定、文化發達爲首要，所以施政方針也據此規劃，並據以完成了對立法院施政報告的初稿。

作爲全國最高行政首長，由於中央政務龐雜，兼及節制地方，所以勢須日理萬機；由於會議、演講、巡察、接見以及政治儀式繁多，所以勢必行程滿檔；由於權責歸屬分明，再怎麼分層負責、授權行事，也必定公文如山，所以勢將案牘勞形；所以相關機要、公關、總務配備也逐一安排妥當。

當然最費神的是閣員人事，不過由於連戰院長不久前剛做過一次改組，基於人事安定，沒有理由爲更動而做全面更動。

上台前夕，蕭內閣人事敲定，報請總統依憲任命，全名冊如下：

副院長　章孝嚴
秘書長　張有惠
內政部長　葉金鳳
外交部長　胡志強
國防部長　蔣仲苓
財政部長　邱正雄
教育部長　吳京
法務部長　廖正豪
經濟部長　王志剛

交通部長　蔡兆陽
蒙藏委員會委員長　高孔廉
僑務委員會委員長　祝基瀅
政務委員　郭婉容
　　　　　趙守博
　　　　　林豐正
　　　　　黃大洲
　　　　　楊世緘
　　　　　陳健民
　　　　　詹火生
　　　　　蔡兆陽
　　　　　江丙坤
陸委會主委　張京育
經建會主委　江丙坤
退輔會主委　楊亭雲
青輔會主委　黃德福
原子能委員會主委　胡錦標
國家科學委員會主委　劉兆玄
研究考核委員會　楊朝祥

農業發展委員會主委　彭作奎
文化建設委員會主委　林澄枝
勞工委員會主委　許介圭
公平交易委員會主委　趙揚清
消費者保護委員會主委　章孝嚴兼
公共工程委員會主委　歐晉德
原住民委員會主委　華加志
體育委員會主委　趙麗雲
中央選舉委員會主委　葉金鳳兼
北美事務協調會主委　劉達人
航空器飛航安全委員會主委　翁政義
主計長　韋端
人事行政局長　魏啓林
新聞局長　李大維
衛生署長　詹啓賢
環保署長　蔡勳雄
海巡署長　姚高橋
中央銀行總裁　許遠東
福建省主席　吳金贊

之三

亞洲金融風暴重創南韓及東南亞各國，
臺灣一因經濟財政體質較好，
二因政府應戰得宜，終能逃過一劫。
蕭院長上台第一仗，打了個大勝仗。

九月一日，蕭萬長從連戰手上接過印信，面帶微笑。接著到行政院正門外與全體閣員拍攝上任紀念照時，也面帶微笑。可是進到二樓院長辦公室，蕭萬長就微笑不起來了。

爲什麼？因爲亞洲金融風暴迎面而來，臺北股市已連日無量下跌，社會上人心惶惶。

說來冤枉，我國外匯存底豐厚，經濟實力和體質也遠非其他東南亞國家可比，可是經濟國際化的結果，臺灣不可能獨善其身。包括泰國、印尼、菲律賓、馬來西亞以及南韓，股市一路下挫，幣值一路下滑。風暴吹到臺灣，一些採取多角化經營的企業集團遭受嚴重考驗，有的發生週轉不靈現象。企業集團挺不住，自然波及中小企業，政府不得不由財經部會及中央銀行組成專案小組，決議讓企業到期票據展延半年，並採取多項緊急紓困措施。

蕭院長隨即成立跨部會「協助企業經營資金專案小組」，並且在財政部設立單一窗口受理申請。

經濟部工業局對非惡性倒帳、資產大於負債、仍正常營運的製造業，非但提供生產與市場調查等技術諮詢，並調配個別企業財務危機紓困方案，具體協助度過資金調度危機。

經濟部的中小企業處也設立中小企業財務融通輔導體系，負責提供財務融通諮詢服務，並以專案專辦的效率，快速解決他們的資金困境。

除了應付第一波立即性的資金危機外，蕭萬長進而處理加強企業體質的中長期融資工作，責由經濟部推動包括擴大宣導中小企業發展基金專案貸款、輔導中小企業升級貸款、中小企業紮根專案貸款、購買自動化設備貸款等等屬於長期抗戰準備。

股市穩定與國民信心息息相關，當股民失去信心，挽救股市必定徒然無功，所以我國有特殊的安定措施。蕭萬長進一步看出，在我國全面開放金融市場後，假如不設立緩衝機制，勢難抵擋外來鉅大金融衝擊；尤其因爲我國不是國際貨幣基金和世界銀行的會員國，自求多福變成不得不做的事體。

因此蕭萬長基於心理面與制度面的諸種考量，決定正式立法設立「國家金融安定基金」，基金總額達五千億元。這個構想光是對外宣布就已產生穩定人心的作用。其後，順利完成立法，設立基金管理委員會。這個機制已運作十餘年，對穩定我國股票市場發生很大效用。最明顯的一個例子是民國八十九年三月，總統大選前夕，由於中共頻施恫嚇，致使臺北股市發生恐慌性賣壓，安定基金不得已出動，只運作兩天，股市即回復正常。

亞洲金融風暴重創南韓及東南亞各國，在政府妥善因應下，我國幸能安全渡過。蕭院長思考未來，深感這種驚險可一不可再，因此爲強化金融紀律，研訂了「銀行法」。爲強制存款保險，修訂了「存款保險條例」。爲了增強綜合證券商體質，訂定了「票券金融公司申請轉投資審核要點」。

此外，對於銀行逾期放款催收和呆帳處理、對農漁會逾期放款之節制，都分別作出決斷。

這還不夠，蕭院長認爲原由財政部管理的銀行、證券、保險三個行業應依功能區別，脫離財政部，由新設「行政院金融管理委員會」管理，才可望加速金融現代化工程，並適應我國加入WTO以後的國際金融激烈競爭。

之四

八十五年修憲，明載精省，
落實精省工程變成行政院長的職責。
蕭萬長和宋楚瑜交誼素睦；
私誼和公務讓蕭萬長兩頭神傷，
但硬著頭皮還是要盡力完成使命。

本節記述「精省」。

可是必須從五十年前說起。

蕭萬長和宋楚瑜兩人是政大外交系前後期系友，蕭萬長是民國五十年畢業，宋楚瑜是五十三年畢業。民國六十七年臺美斷交時，蕭萬長是國貿局副局長，宋楚瑜是新聞局副局長，兩人都是四十歲不到的青年才俊。蕭萬長在美方宣布斷交後的貿易談判上艱苦卓絕，宋楚瑜在斷交後的國內外媒體應對上表現亮眼。兩人個性不同，才具相當，惺惺相惜，通家來往，交誼素睦。後來宋楚瑜與李登輝建立革命情感，仕途扶搖直上，「月湧大江流」，前程未可限量。蕭萬長也備受提拔，歷任三部會首長，「星垂平野闊」，亦自有一番風景。未料精省成爲新的政治鉅變。蕭萬長任行政院長變成後來居上。政局的發展變成要擔任行政院長的蕭萬長依職責去精掉由宋楚瑜擔任省長的臺灣省政府。

我因爲辦報，與宋先生也有多年來往。記得當年，宋先生那廂慷慨激昂，蕭先生這廂則是爲私誼和公務兩頭神傷。精省不但精掉了臺灣省政府，也精掉了蕭宋兩家交情；這實在是最典型的政治弔詭，歷史弄人。

宋楚瑜眼看精省政策已無法挽回，八十五年年末，向省議會發表告別演說，宣布辭去國民黨中常委和省長兩項職位。由於李登輝總統和宋省長關係微妙，辭職自然不准，後來宋省長發明了「請辭待命」，遠走美國。至於到了民國八十八年，宋楚瑜脫離國民黨，以無黨籍身分參選總統的一大串故事，自然不是本書所能分說清楚的。

蕭萬長因爲擔任李連競選總部總幹事，記得在陪同李登輝南來北往奔波競選期間，李登輝就多次談論何以必須精省。李登輝的理由是，現代政府講究效率，政府組織扁平化勢所必然，精省爲其中一環。八十五年李連高票當選後，隨即開始進行修憲工程。修憲時蕭萬長任國民黨修憲小組召集人，貫徹了李登輝精省的意志，到了蕭萬長就任行政院長，精省的實際任務也就落在他的肩上。精省一事牽動了臺灣其後十餘年的政局發展，其中是非恩怨對錯，是歷史公案，過去已有不少文字試著探究，將來應該還會有人想要繼續追索。

本節只記述行政院爲精省做了哪一些事情。

首先要說的是，蕭萬長認同政府應該扁平化，以追求更高效率的見解。臺灣面積三萬六千平方公里，當年除了臺北和高雄兩個院轄市外，其餘百分之九十七轄區劃歸臺灣省政府。（金門和馬祖上頭另有一個福建省政府）。也就是說，在這個海島上，有中央、省市、縣市和鄉鎮市四級政府。政府行事以公文爲準，政令從中央到鄉鎮市，或由鄉鎮市到中央，單程至少也要一個月，雙程就要兩個月，而一年只有十二個月。在農業時代，慢慢來也許無所謂，在工商業社會，絕對與效率要求背道而馳。

精省不同於廢省，廢省是完全取消，精省是把省「虛級化」；用白話說，就是臺灣省這個建制，名義上保留，實際功能沒有。所以現在不會有人在意誰擔任臺灣省主席，不會有人記得誰是臺灣省諮議會委員或議長。

第二步。臺灣省在全省各地有很多省立機構，譬如說省立某某高中，省立某某醫院等等。學校就一律改爲國立。醫院歸中央衛生署管，改爲署立更直接。改名字，幾分鐘的事情，改預算編列也不必費太多工夫。

第三步是原有省屬機構的去處。臺灣省政府有幾十個廳處局所，民政廳管的歸內政部、財政廳管的歸財政部，直截了當。但有些事務內涵複雜，比如說水利，那就逐一剖析，依功能處理，水土保持歸農委會，水資源歸經濟部水資源局，河川整治歸內政部營建署。

花費一番工夫，機構拆解改建完工。但最麻煩的在後頭：幾千名在中興新村、臺中市和全省各地的員工，早已落地生根，怎麼調遷？最後定案的辦法是「不是辦法的辦法」，那就是中央各部會先後設立「中部辦公室」，換好機構招牌後，原來的員工在原來的地方繼續服務。

坦白以道，臺灣省精掉了，但當初說精省可以一年節省幾千億公帑，並未實現；說少了一個層級會生出多少效率，一部份是實現了，一部分卻因爲地方有急事時中央鞭長莫及，反見退步。

此所以宋楚瑜後來常說氣話，說「精省其實只精掉一個宋楚瑜」。

不過，如果宋楚瑜把這筆帳算到蕭萬長頭上，是不公道的；因爲精省不是他要精的，執行精省也是他不能規避的法定職責。

人世間，此亦一是非，彼亦一是非，所以公正論事最難！這樣說好了：設如換成蕭萬長是當時的臺灣省長，宋楚瑜是當時的行政院長，新強人李登輝一聲令下，除了蕭宋兩人個性不同，反應強度可能有別之外，結局大概都一樣吧！

之五

八十八年九月二十一日，
臺灣中部發生大地震，兩千多名同胞罹難，
房屋倒塌數以萬計，產業損失不貲。
行政院在做完災難緊急救助後，
立即展開大規模的災區重建。

臺灣天災不斷，颱風大雨每年會來侵擾好幾次。地震頻仍，隨時晃一下，大家習以爲常，天搖地動的話就成大災難。

八十八年九月二十一日凌晨一時餘，臺灣發生芮氏七點三規模大地震，震央在南投附近，幾十秒鐘功夫就奪走兩千四百五十五條人命，一萬一千餘人輕重傷，房屋半倒四萬五千多戶，全倒三萬九千戶。道路、橋樑及其他公共建築毀損無數，估計全國經濟損失達三千六百億元。災難緊急救助工作就花了好幾個禮拜才告一段落。

災後緊急救助只是使災民可以暫時恢復生活，災區重建才是曠時廢日的大事；不只工程龐大，千頭萬緒，同時還要與時間賽跑。

蕭院長主持中樞，責無旁貸。「災後重建計畫工作綱領」於十一月九日經核定實施。這個綱領共分五大重建方向：一、塑造關懷互助的新社會；二、建立社區營造的新意識；三、創造永續發展的新環境；四、營造防災抗震的新城鄉；五、發展多元化的地方產業。重建時程五年。行政院特別制定了「九二一震災重建暫行條例」以求簡化重建的行政程序。

災後重建不能阻礙其他政務的推動，所以蕭院長責由劉兆玄副院長總其成。劉兆玄曾任交通部長，對建設業務甚爲熟稔。有很長一段時間，劉兆玄常住災區，立即裁決，現場指揮，所以重建工作進行得很順利。

爲了防止重蹈震災，行政院在廣徵國內外專家的意見，並與災區十五鄉鎮當局溝通後，依車籠埔斷層線調查圖，劃設了永久性禁建限建地區，範圍總計達三百六十三公頃。

蕭院長希望重建工作完成後的災區，必須比震災前建設得更好，因此行政院在重建工作上，投入甚多心力和物力。重建經費高達一千四百億元。

重建工作在蕭萬長離開行政院時仍未完成，大約民國九十三年，重建工作才告一段落。去看過重建後景觀風貌的人，都對重建工作讚賞有加。沒有人希望碰到震災，但不幸碰到了之後，我們卻能做到「打斷手骨顛倒勇」！

之六

交通建設攸關國家經濟發展和人民生活品質。

今天，臺灣的高速公路網四通八達，

臺灣高鐵的運營使南北三百四十公里一小時半可抵達；

這其中，蕭萬長投注了巨大心力。

人類的文明發展與人類的移動速度息息相關。光靠兩條腿走路，走不快也走不遠。輪子的發明改變了人類在陸地上移動的速度和距離，蒸汽機的發明更加快了速度、加長了距離。所以一般認定，鐵道火車是人類文明發展史上最大的發明之一。

臺灣的鐵路是清朝治理臺灣末期派任的第一任巡撫劉銘傳首倡。一八八七年（清光緒十三年）劉氏設立臺灣鐵路局，並隨即派員赴南洋招募商股，延聘德國人墨爾漢爲工程監督，英人馬利遜爲總工程師。同年六月在臺北大稻埕開工，先闢建從臺北到基隆的二十八點六公里鐵路。隔年，又闢建從臺北到新竹的七十八點一公里，五年後完工。總共花了一百二十九萬兩白銀。史料上記載，劉巡撫原擬展築至臺南，卻因病請辭，繼任者邵友濂認爲工程浩大，籌款困難，乃奏請停工。不久臺灣就割讓給日本。

日本人對經略臺灣頗有企圖心，一九〇八年完成縱貫線全線。其後又陸續興建各支線及東部鐵路，總共建了九百一十一點九公里。

西部縱貫線建成後，自然成爲臺灣南北大動脈。民國六十一年蔣經國做「十大建設」，其中一項交通建設是把西部鐵路電氣化。

蔣經國做「十大建設」，另一項交通建設是一號高速公路，於民國六十七年全線通車。臺灣的人口從日據末期的六百萬，至民國八十年代已驟增至兩千萬。臺灣的產業發展，在民國八十年代也達已開發國家規模，西部必須有新的交通幹道，成為客觀情勢上的必然。

在此要詳述臺灣高速鐵路的由來。先從一篇廣告說起。

民國一百年八月二十三日，高鐵公司首任董事長殷琪在各大報刊登半版廣告。她刊登廣告是為了澄清某件事情，但廣告文中有這樣一段話：「高鐵聯貸融資在興建合約中屬政府應辦理事項，惟經過前後兩年的三方洽談折衝仍未成，一度已決定放棄並終止高鐵計畫，最後在行政院蕭前院長的政策擔當下成就此事，也才有今日的臺灣高鐵。」

早在蕭萬長就任行政院長之前，高鐵的先期規劃已由蕭萬長在經建會主委任上完成。當時認定，由於高鐵的用地只要六線道高速公路的三分之一、二氧化碳排放量是小客車的一百六十分之一、運量是高速公路的二點五倍、臺鐵自強號的四倍、航空運能的三十倍，所以經建會把它列為「新十二項建設」之一。

但民國八十二年立法院決議政府不建高鐵。蕭萬長對立法院決議不由政府興建高鐵，認為不是壞事，何以故？

他在經濟部長任上發現，五輕的預算，立法院保留了五年之久，歷經三任經濟部長都開不

臺灣高鐵貫穿西部。南北之間九十六分鐘直達。

陳敏明．攝影

了工。後來他又看到核四的預算一再追加。隨時注意國際動態的蕭萬長還發現韓國要建高鐵，竟然打國際官司大額賠款，工程延宕了六年。

所以蕭萬長對臺灣高鐵興建案，做出了BOT的決斷，希望藉由民間企業的效率，加速重大建設。後來臺灣高鐵公司從開工到通車果然只用六年時間。蕭萬長因此坦然告訴我，臺灣的政治蒼蠅不少，看到哪裡有甜頭，就蜂擁而至群起干擾，可是民間業者可以不理會政治蒼蠅，假如不是BOT，現在臺灣的高鐵在哪裡恐怕都不知道！

今天大家南來北往，搭乘高鐵都稱舒適方便，高鐵興建過程中可是爭議不斷。蕭萬長處理高鐵各種問題的態度一以貫之，他認爲臺灣需要高鐵，所以擔任行政院長時、院長卸任後和再回朝擔任副總統期間，前後十幾年，他不計毀譽，力挺高鐵，其中只有一個心願：要讓高鐵建成功、要讓高鐵能夠永續經營。

批評臺灣高鐵公司的人說，當初以殷琪爲首的臺灣高鐵在BOT案競逐上贏過以劉泰英爲首的中華高鐵，原因之一是因爲臺灣高鐵聲稱「政府零出資」，後來出爾反爾要三千多億銀行貸款，不可原諒。持平論事：辦大型事業鮮少不向銀行貸款，銀行自有其貸款審核及抵押保障制度，即使公家銀行，政府亦不能下令必須貸出。換句話說，廠家向銀行貸款與要求政府出資是兩回事。不過，臺灣高鐵的股東們只籌措了三兩百億資金就想BOT高鐵，其中存有僥倖心態，難怪遭社會批評。

殷琪所指蕭院長的「政策擔當」就是蕭院長認爲既然政府已和民間簽約，且合約明訂銀行的聯貸融資是「政府應辦理事項」，那麼，蕭院長認爲他不可媚俗，不可民粹，必須勇於承擔促成銀行團聯貸的責任。

民進黨八年執政期間，高鐵資金多次告急，蕭萬長雖已在野，但凡是他說得上話的地方，他都力主應幫臺灣高鐵，不要讓高鐵興建失敗，成爲國家的災難。大家苦心支撐的結果，臺灣高鐵終於在民國九十六年三月全線正式通車營運。

出任副總統之後，已開始營運的臺灣高鐵，由於貸款利息居高不下，年度虧損竟以一、兩百億計，蕭萬長乃主張由主責單位幫忙臺灣高鐵與銀行團重訂合約，依現行利率大幅降低利息負擔，以使高鐵得以喘息；此外，善意協議，由官方代表出任高鐵董事長，以杜社會悠悠之口。到了一百年上半年，高鐵營運已出現首次盈餘，將來合宜時機，站區妥善開發，銀行收回貸款就指日可待；那麼，屆時就可出現高鐵、銀行、國家、人民四贏的局面。

已故臺灣經建大老李國鼎先生曾說，法律上「圖利他人」有罪，但既然在朝為官，他不知除了不斷努力圖利人民之外，做官能有什麼意義！

已故環球水泥公司吳尊賢董事長在自撰回憶錄中，記述李國鼎先生幫忙該公司順利開工的往事說：耗用巨資興建的環球水泥公司快完工時知道台電公司電力不足，無法供應環球水泥公司用電，心慌之餘乃去求助時任經濟部長的李國鼎。幾天後李部長回電說，在臺南新營的台灣紙業公司裝了三台發電機，只用一台。李部長已請台紙公司啓動另兩台閒置發電機發電賣給台電公司，台電再專案供應環球。但兩個轉彎後，每度電會貴幾毛錢。吳尊賢說，台紙發電可賣錢，台電轉手可賺錢，環球公司有電可開工，這是三贏，是李國鼎這種肯擔當的部長才會做出來的好功德。

環球水泥公司是台南企業集團之一員。吳尊賢先生在李國鼎先生退休後，在企業集團內部募集了新臺幣五千萬元，請李國鼎先生也捐一萬元當創辦人，合成五千零一萬元成立「李國鼎科技基金會」以示感恩，一時傳為美談。

蕭萬長力挺臺灣高鐵和李國鼎部長協助環球水泥公司，時間前後不同，規模大小不一，但仁心仁術，一個模樣。尤其因爲蕭萬長不居功，更讓我認定，應該讓同胞知道蕭萬長與臺灣高鐵的整本故事。

臺灣西部有了高鐵，南北成爲一日生活圈，臺灣東部的交通建設也不可偏廢。蕭院長對政府早在民國七十九年核定的「東部鐵路改善計畫」盯得很緊。這項計畫以十二年爲期，花用四百八十六億元，進行北迴線擴建雙線、八堵到花蓮電氣化、八堵到臺東全縣重軌化以及號誌自動化。

在高速公路方面，民國六十七年通車的中山高，是臺灣第一條南北高速公路，是蔣經國十大建設之一。建好中山高之後，政府緊跟著建設第二條南北高速公路。這條新高速公路是由北二高、中二高、南二高分段建設聯結而成，蕭院長主政期間正值工程高峰階段，行政院團隊確保了工程如期進行和品質控管。今天行走二高的同胞，人人稱便。

高速公路網不能只有南北向路線，沒有東西向路線。政府在民國八十一年完成了「東西向快速道路建設計畫」，規劃十二條路線，全長三百四十九公里，總經費兩千七百六十八億，連同二高的環線以及北宜高速公路，使一高、二高、北宜高，加上十六條東西向快速公路，構成完整四通八達的快速公路網。民國一百年的今天已大抵全部完成。

我於民國六十年第一次赴美。抵達美國大陸的第一站是舊金山。出了機場，車往市區，赫見左右各十線的高速公路，一時感動莫名，不禁心想，我的祖國何時才能夠建設成這幅模樣？沒想到有志者事竟成，四十年後，臺灣終於也完成了高速公路網。感念是一種美德，對於主其事的政府大員以及親力親為的眾多工程師和建路勞工，凡我同胞，合當不吝給予禮敬！

之七

「首相外交」在國際社會上備受重視。蕭萬長在行政院長任上七度出訪，遠渡重洋，不辭辛勞，對我國涉外關係的開拓和穩固，產生良好效用。

院長任上，蕭萬長於八十七年一月十二日首度出訪，前往菲律賓，隔天返國。由於菲律賓與中共有邦交，所以行前保密。菲律賓總統羅慕斯是蕭院長多年好友，兩人就兩國關係之增進交換意見。此行並與亞洲開發銀行總裁佐藤光夫會談。

菲律賓之行返回臺北後一週，蕭院長又出訪印尼，與蘇哈托總統研商東南亞區域金融合作機制。蕭萬長在那裡停留三天，與印尼諸多部會首長做了廣泛接觸。印尼也是中共邦交國，所以行前也未張揚。

八十七年四月二十五日，蕭萬長訪問馬來西亞。由於他年輕時曾駐節馬來西亞首都吉隆坡六年，在該國有相當豐沛的人脈，所以，此次訪問接觸廣泛，並會晤了馬哈迪總理。

同年七月二日到八日，蕭萬長率領特使團訪問了南太平洋諸友邦。先到東加王國祝賀國王杜包四世八十大壽，然後經斐濟，再轉往索羅門慶賀該國獨立二十週年，回程途經關島。

八十八年一月十一日至十六日，蕭萬長訪問了多明尼加、海地、貝里斯三國。在貝里斯，蕭萬長與該國總理穆沙簽署了相互投資和雙方貿易的兩項協定。

八十八年五月二十七日，蕭萬長率團前往薩爾瓦多，慶賀佛洛瑞斯總統就職。去程先訪問了友邦瓜地馬拉。回程訪問了聖克里斯多福，出席了「中華民國與東加勒比海四友邦高峰會議」。六月七日返抵國門。

同年八月一日蕭萬長訪問歐洲的馬其頓。馬其頓是新成立的國家，我國在八十八年二月與其建交，希望做爲我國在歐洲拓展外交關係的橋頭堡。當年我國宣布三億美元的援助計畫，驚動世界。蕭院長的訪問，因該國總統、總理不和，並不順利，三億美元的援助也未支付，但外交開拓精神贏得讚賞。回程過訪杜拜，於八月九日返抵國門。

蕭萬長任上最後一次出訪是八十八年八月三十日率團遠赴中美洲巴拿馬慶賀莫絲柯索總統就職，並就兩國邦誼進行鞏固工作。慶賀團於九月六日返回臺北。

以上七次訪問涉及外交協商機密部分，依國家檔案法，尚未解密。

讀友先進看完以上記述，大概會發現：奇怪！何以蕭萬長沒有訪問我國兩個最主要的關係國——美國和日本？奇怪的不是我們的行政院長不去美國和日本，奇怪的是這兩個所謂的泱泱大國，何以以那般畏縮的態度對待臺灣？

之八

做爲全國最高行政首長，

蕭萬長盡其所能，全面關照；

他創立了很多新制，展佈了很多新猷。

曾任蕭內閣研考會主委的魏啓林，於民國八十九年五月，也就是蕭萬長卸任行政院長前夕，以「致臺灣的頭家——影響你我前途的國家政策」爲名，刊印專書，記述蕭內閣兩年九個月的全方位作爲。全書四百六十四頁，約三十萬字。

本節企圖以大約三千字，扼要記述蕭院長領導各部會首長努力打拚所留下的另一些重要成果，讓各方讀友先進得到比較全面的瞭解。

先說「高科技科學園區」。政府於民國六十九年創立「新竹科學工業園區」，三十年發展下來，新竹科學園區已有三百餘家以資訊電子產業爲主體，包含積體電路、電腦週邊、光電及通訊等產業的工廠，年營業額近兆。

新竹科學園區的成功經驗可否複製？這是蕭萬長從民國七十九年出任經濟部長以後一直念茲在茲的命題，蕭萬長的答案很清楚：當然可以。

蕭萬長認可民國八十九年行政院國家科學委員會提出的「規劃建構科技島——科學園區中程擴展計畫」。計畫內容包括北部四年內在新竹、竹南、銅鑼開闢一千公頃新園區。南部四年內在臺南附近開闢一千五公頃新園區。中部開闢六百公頃新園區，時程另議。

現在中部科學園區和南部科學園區，都已落成啓用，產值甚爲可觀。

第二、臺灣有八十萬公頃農田，農業產值在工商業發達後，相對降低，但農業牽涉到民食軍需，不可偏廢。且爲因應臺灣加入世界貿易組織之後的必然衝擊，農地政策勢必調整，蕭內閣於是提出了「放寬農地農有、落實農地農用」的八種配套修法，包括農委會主管的「農業發展條例」修正，內政部主管的「土地法」、「平均地權條例」、「都市計畫法」、「區域計畫法」修正及新訂「農村社區土地重劃條例」。此外財政部主管的「土地稅法」和「遺產及贈與稅法」也必須修正。八十九年五月卸任前，這些修法和立法工作，大部份完成。這是繼民國四十年代「耕地三七五減租」、「耕者有其田」、「公地放領」第一次土地改革之後最大幅度的土地改革。由於這些改革，自然人承購農地的資格放寬了，耕地移轉、分割、繼承、贈與的限制放寬了，耕地租賃制度改變了，集村農舍的興建有條件開放了。

至於民國一百年十月份，鬧得沸沸揚揚的眞假農舍問題，這就說來話長了。要簡單說的話，那就是行政院原草案以一公頃爲單位，卻硬生生地被立委改爲零點二五公頃，誰之過也？

第三、臺灣的賦稅制度不夠嚴謹，常遭詬病，營利事業所得稅與綜合所得稅的重疊是其中之一。

「兩稅合一」是一項重要的稅制改革，「所得稅法」部分條文修正案於八十六年十二月經立法院三讀通過，總統明令公布自八十七年一月一日起實施。簡要的說，兩稅合一就是指營利事業所繳納的營利事業所得稅，得由公司股東扣抵其應繳納的綜合所得稅，扣抵剩餘之數可以退稅，股東的稅率若高於公司的稅率，則需要補稅。基本上兩稅合一具有減稅效果，減稅效果與國民所得增加同樣意思。不過此項改革的意義主要在於追求稅賦公平。

第四、國民年金制度是社會福利的一環，也是社會保險的一環。臺灣原本有多項社會保險，如軍公教保、農保、勞保，其中政府補助有不平現象，且未涵蓋全民；國民年金制度就是全面整合的一種新規劃。

負責這項規劃工作的是經建會和內政部。主要內容包括二十五歲到六十四歲國民一律強制參加保險，權利義務對等，低收入及身心重度殘障者的保費由政府負擔。

這項新制原訂民國八十九年開辦，因爲八十八年發生九二一地震，所以延後。九二一災後重建財務底定後已付諸實施。這個新制會不會造成政府財政「不能承受之重」仍待觀察，不過如能輔以必要配套，畢竟是我國社會福利和社會保險的一大進步。

第五、照護老人重要，照護兒童也同等重要；蕭內閣在內政部成立了「兒童局」，這是八十八年十一月二十日「國際兒童日」那天做的事。

這個新單位將致力於兒童人身安全維護與保障，倡導兒童基本人權，使兒童能在健康安全的環境中成長。此外，還必須營造質優量足的托育服務。當然，失依兒童的安置，也是兒童局的任務。

我們常說「兒童是國家未來的主人翁」，因爲有足量的優秀兒童，未來國家才能有足夠的棟樑。現在的情況是很多青年視生兒育女爲畏途，原因之一是托育兒費用昂貴，負擔不起；那麼既然已成立了兒童局，如果能夠勇於任事，積極作爲，對改善少子化的現象，應該會有助益才對吧！

第六、兒童長得快，只幾年時間就入小學。兒童入了小學仍在兒童階段，假如黑道勢力進入校園，後果堪虞。蕭內閣有鑒於此，由教育部於八十八年五月制訂「防制黑道勢力介入校園行動方案」，行政院治安會報隨即通過並函頒實施。

這項行動方案包括建立立即通報系統、危機處理要領、中輟生輔導辦法、個案諮商等校園安全措施，到了八十八年六月底，各級學校輔導網路及危機處理小組已全面建立。

這一兩年來，校園暴力問題又喧騰報章，可見校園安全必須是政府和學校當局持之以恆，每天關注的事體。

第七、電子化是新時代的生活方式和工作方式，政府何能例外？

蕭內閣於八十六年十一月通過研考會會同各部會制定的「電子化、網路化政府中程計畫」，並隨即付諸實施，很快地提供政府電子目錄、電子郵件、電子新聞、電子信箱等多項服務，並把大部分政府機構直接連上骨幹網路。

蕭內閣訂下了「村村有電腦、里里上網路」的目標，希望電子化工程貫徹中央地方。同時包括電子公文、電子支付、電子採購、電子人事、電子法規、電子計畫管理、電子出版等電子公務處理，都分別訂下實施時程。

目前「網路化政府」的理想已大致實現。

第八、誰忘掉了臺灣週邊有一百二十一個大小島嶼，誰就不是全民行政院長！

蕭內閣於八十六年責由經建會提出「離島建設條例草案」，稍早立法委員陳清寶、陳癸淼已主動提出「離島開發建設條例草案」。立法院兩案併審，於八十八年三月三讀通過，李總統於八十九年四月公布施行。

這個建設條例對離島而言，眞是大利多。依條例，中央政府必須設立「離島建設基金」，基金總額不得少於三百億。此外，部分營業免徵營業稅，於當地銷售之商品免徵關稅，同時明定對離島居民要有額外教育補助、醫療補助、水電補助。

蕭院長依條例規定在行政院設立「離島建設指導委員會」，自任召集人，審核離島縣市政府提出的每四年一期的離島綜合建設方案。

一句話：蕭院長認爲中華民國在建設上不應有死角，所以全力以赴。

爲替歷史存眞，蕭院長擔任閣揆期間，起始團隊有些後續變動，應予記明。

副院長章孝嚴只任職三個多月，便調任國民黨中央黨部秘書長，副院長一職由劉兆玄接替。劉兆玄的國科會主委一職由黃鎮台接替。

內政部長葉金鳳因白曉燕命案下台，內政部長一職由黃主文接替。

外交部長胡志強請辭擔任連蕭競選總部總幹事，外交部長由程建人接任。

法務部長廖正豪請辭，由城仲謀接任。後來城仲謀升任司法院副院長，法務部長一職由葉金鳳接替。

交通部長蔡兆陽下台後，新任交通部長爲林豐正。蔡兆陽到了八十八年二月又以政務委員身分兼任公共工程會主委。

教育部長原爲吳京，後來林清江接替。林清江病故之後的部長是楊朝祥。

魏啓林先任人事行政局長，後來改任研考會主委。接掌人事行政局的是張哲琛。魏啓林之前的研考會主委是楊朝祥。

黃德福擔任的青輔會主委由李紀珠接手。

彭作奎擔任的農委會主委由林享能接手。

許介圭擔任的勞委會主委由詹火生接手。

祝基瀅擔任的僑務委員會委員長由焦仁和接手。

新聞局長一職先後三人是李大維、程建人、趙怡。

八十八年二月一日，有一次小改組：

秘書長由張有惠換成謝深山。

國防部長由蔣仲苓換成唐飛。

陸委會主委由張京育換成蘇起。

退輔會主委由楊亭雲換成李楨林。

此外，臺灣省精省，省長宋楚瑜「請辭待命」，八十七年十二月院派政務委員趙守博兼任臺灣省政府主席。八十九年五月由江清馦代理。吳容明、鍾榮吉出任政務委員。

政務官與事務官的不同就是政務官隨時會換手；高升了自然換手，調職了自然換手，配合不好也會換手，當事人因爲各種不同的理由求去，也要找人接替；這其中沒有什麼秘聞，也沒有什麼機關。

章回小說在起承轉合時常說「鐵打的衙門，流水的官」，用來形容部會首長隨時更替，眞是再恰當不過了。

像打陀螺一樣轉個不停，努力了兩年八個月又二十天，民國八十九年五月二十日，蕭院長與新任行政院長唐飛辦理交接，在行政院同仁依依不捨的送別下，揮別行政院，卸下一國最高行政首長的重擔。

民國八十六年九月一日，
蕭萬長接任行政院院長。
監交人是當時的
副總統李元簇。（上）

民國八十六年九月，
蕭萬長上任行政院長後向
孫運璿前院長請益。（下）

民國八十六年九月一日，
在李登輝總統監誓下，
蕭閣宣誓就職。（左）

政 行

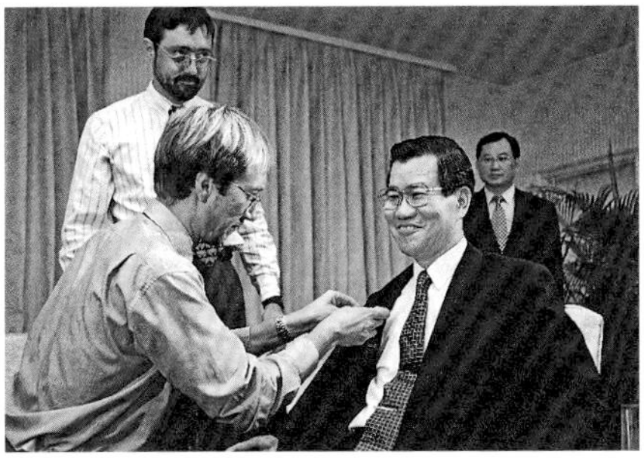

民國八十六年九月一日，
蕭內閣上台紀念照。（右）
接見十大傑出青年。（上）
民國八十六年九月，
接受CNN專訪。（下）

民國八十七年一月，主持元旦團拜並講話。(右)

民國八十七年一月，參加元旦升旗典禮及鳴槍晨跑。(上)

民國八十七年一月，訪視鐵路松山站春節運輸情形。(下)

民國八十七年一月，訪問印尼，會晤蘇哈托總統，研商東南亞區域金融合作機制。

民國八十七年一月，
蕭院長訪問菲律賓，
會晤羅慕斯總統。（上）
民國八十七年四月，
迎接海地總統
浦雷華夫婦。（中）
民國八十七年四月，
訪問馬來西亞，
會晤馬哈迪總理。（下）

民國八十七年二月，蕭院長在二二八紀念儀式致詞。

民國八十八年五月，蕭院長視察集集攔河堰工程（上）。民國八十七年六月，赴高雄大寮鄉巡視積水情形（下）。

陳敏明・攝影

臺灣高鐵穿過城市
越過鄉村，
拉近南北的距離。（右）
民國八十七年七月，
在高鐵簽約儀式上致詞。（上）
高鐵列車駛抵月臺。（下）

陳敏明・攝影

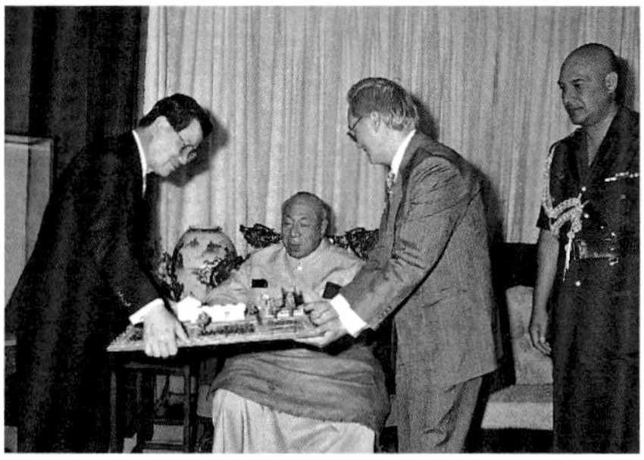

民國八十七年七月，
率特使團訪問南太平洋國家。
與索羅門總理
簽署聯合公報（右）；
訪問東加王國，
參加閱兵典禮（上）；
並拜訪東加國王
杜包四世（中）；
訪問斐濟（下）。

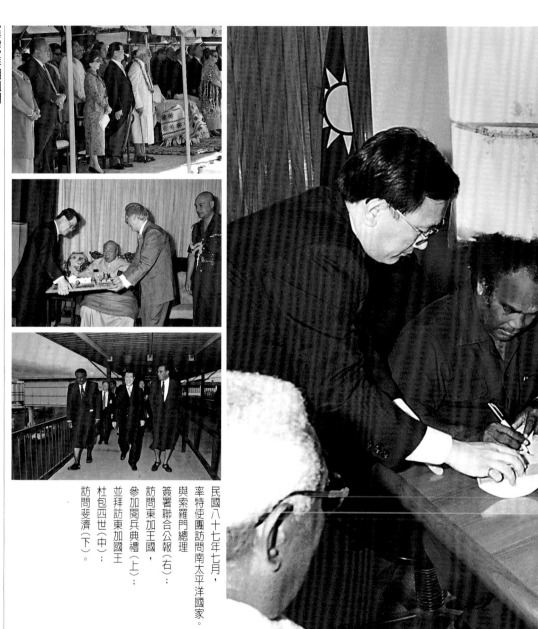

民國八十七年十一月，
訪視北宜高的隧道工程。（右）
民國八十七年十一月，
院長參加布袋國內商港
啓用典禮。（上）
民國八十七年十二月，
交通部中華衛星一號啓用，
院長蒞臨致詞。（下）

民國八十八年一月，訪問貝里斯。

民國八十八年一月，訪問加勒比海國家海地（上）；多明尼加（中）；於聖克里斯多福，視察我國技術團在當地輔導之成果。（下）

民國八十八年三月，視察東西向快速公路觀音大溪段工程進度。

民國八十八年四月，
蕭院長參加高速鐵路
嘉義段動工典禮。（上）
民國八十八年三月，
參加中山科學院台中園區
開幕剪綵暨慶祝酒會。（中）
民國八十九年一月，
參加東西向快速公路
八里新店線，
大漢橋至中和段
通車典禮並致詞。（下）

行政院長任上，
巡視基隆河整治工程。

民國八十八年五月，蕭院長巡視南科排水改善計畫進度（上）。民國八十八年七月，參加竹南科學園區動土典禮。（下）

民國八十八年八月，訪問馬其頓，接受軍禮歡迎。

民國八十八年八月，
院長出訪，
過境澳洲布里斯本（上）；
訪問馬其頓時，
主持史高比耶工業區
動土典禮（中）；
率團慶賀巴拿馬
莫絲柯總統就職。（下）

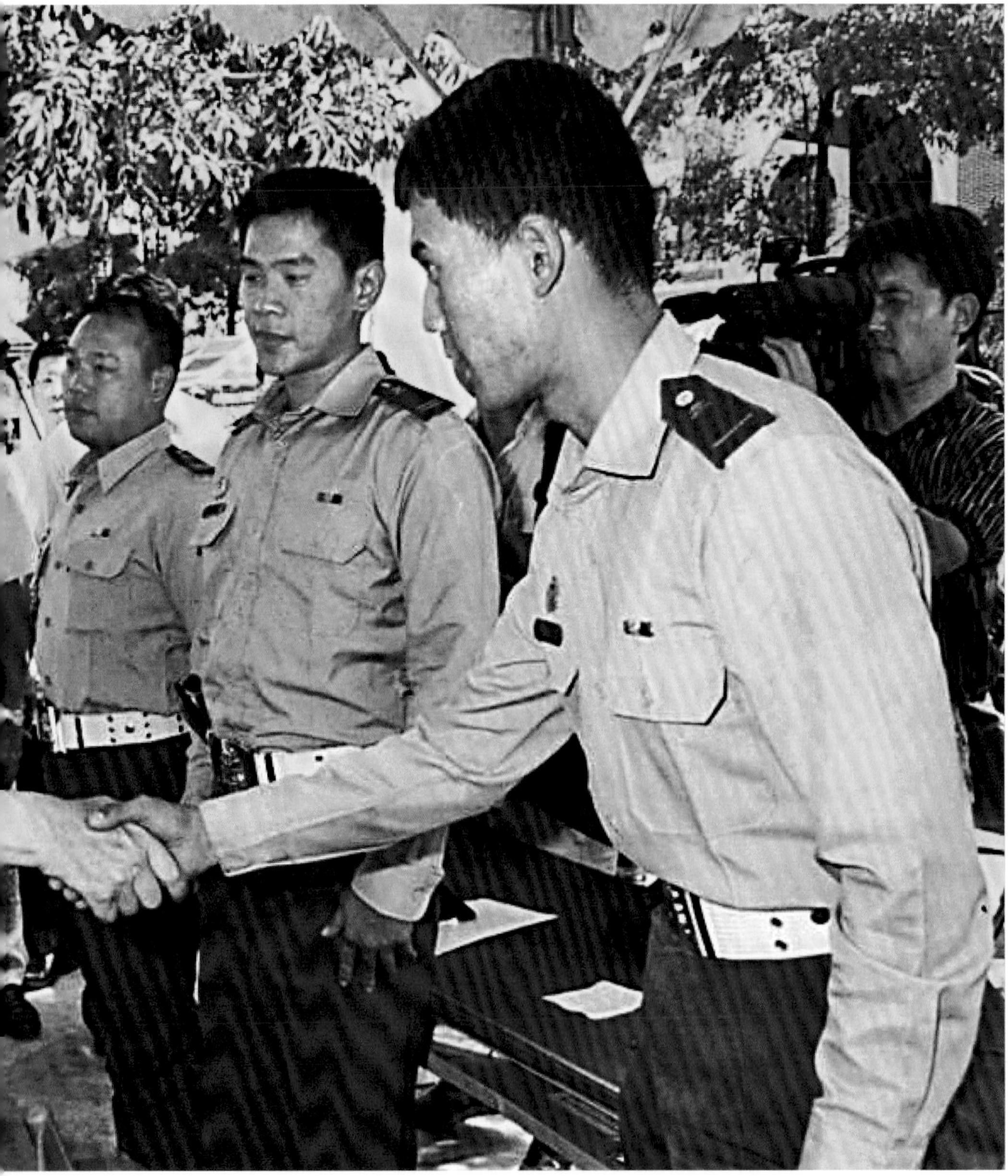

民國八十八年，
臺灣中部發生
九二一震災。
蕭院長不斷前往災區，
慰勞救災官兵、撫慰災民、
感謝民間投入重建的
善心人士和團體。

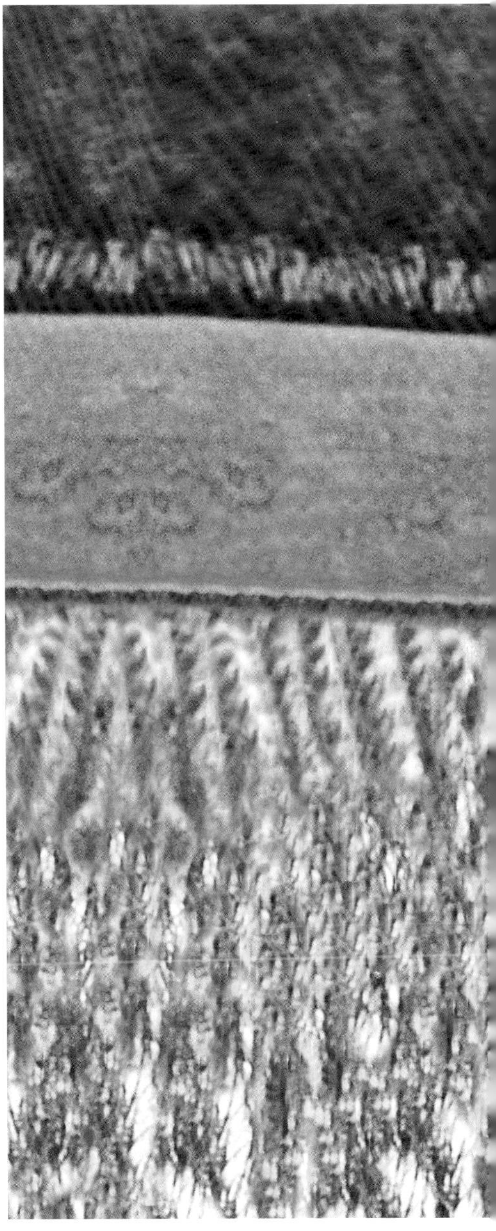

院長不是農夫，
但下鄉巡訪時常戴斗笠。（右）
某假日在陽明山健行
與民眾合影。（上）
民國八十九年五月二十日，
蕭萬長卸任行政院長，
不再使用公務車，
大女兒蕭如婷
開車送他回家。（下）自由時報 提供

卷伍
在野歲月

卷伍 在野歲月

之一

臺灣第一次政黨輪替，
首次執政的民進黨，治國人才培訓不足。
陳水扁總統希望蕭萬長幫忙，
鑒以「政黨雖然輪替，經建不會輪替」，
蕭萬長只好不計毀譽，側身協助。
不過，代表參加APEC年會一事，因兩黨關係惡化，竟生波折。

民國八十九年五月二十日，陳水扁和呂秀蓮高高興興地宣誓就任正副總統，但就職後，煩苦的事接踵而來。

可能因爲民進黨不曾執政，所以不曾有過經建實績，可能因爲民進黨一時擺不出堅強財經團隊，可能因爲陳呂是以相對多數選票而不是絕對多數選票當選，當然也可能由於選前國民黨唱衰，總之，股市低迷，指數不斷滑落。

連蕭配輸給陳呂配，在臺灣已執政五十年的國民黨人，很多適應不過來。國民黨內還突生一些以前不曾有過的人事紛爭。陳水扁依例要聘請卸任行政院長的蕭萬長出任資政，蕭萬長輕易以「沒有資政身分，在國際上反而較好幫臺灣講話」爲由婉謝了，如果是要敗選的國民黨副總統候選人幫忙搞好經濟，國民黨上上下下不知會如何反應？

蕭萬長煞費思量，其實，拒絕是最無難的決定。但是想到自己受國家幾十年栽培，想到臺灣人民的生活，想到政黨雖然輪替、經濟發展卻不會輪替，想到假如因爲民進黨缺乏經建經驗而致經濟發展倒退，那麼進退之間，結論自然不一樣。

股市眞是人民信心的試紙，媒體刊播蕭萬長允任總統府經濟顧問小組的副召集人之後，股市竟然就開始一路上揚。只六個月，指數就由三千多點漲到六千三百點。

接著，APEC一年一度的元首高峰會要在汶萊舉行，陳水扁總統也請蕭萬長代表我國參加。既然答應幫忙經濟，自然好事做到底，所以原則同意，但明言必須徵得國民黨認可。稍後總統府致函國民黨中央黨部。恰於此時，陳水扁和連戰在總統府見面會談，不知什麼緣故，連主席前腳才離開總統府，行政院長張俊雄竟宣布核四停建，國民黨群情譁然，社會輿論也多表不解。

蕭先生回憶當時情形，說他人在外面，忽然接到黨秘書長林豐正電話，說總統府來函徵求同意蕭副主席代表我國參加APEC，不知蕭先生認爲如何？蕭萬長答覆：「如果認爲有需要，我可以幫忙走一趟」。林豐正接著問：「如果不需要？」

林豐正當然代表連戰主席的意志。「如果不需要」的意思就是表示連戰認爲「不需要」。

此事當然到此為止，後來陳水扁改請中央銀行總裁彭淮南參加。蕭萬長認為連戰主席的反應可以理解。事實上扁連會後的遺憾直接影響了其後國民黨和民進黨的互動。一直到今天，兩黨互動情況都還很不順暢。

其後民進黨政府召開全國經濟發展諮詢會議，陳水扁自任召集人，請蕭萬長任副召集人，蕭萬長以在野之身，一樣知無不言。

蕭萬長在接受陳水扁的聘請伊始，就與陳水扁明言，只協助經濟，不協助競選。沒想到當民國九十三年連宋配對上陳呂配，蕭萬長以副主席身分在嘉義幫連戰站台，陳水扁竟說了請蕭萬長幫忙搞經濟是「請鬼拿藥單」這種話；這是蕭萬長始料所不及的事。

蕭萬長一向認為我國金融機構規模相對太小，金融國際化後很難與外資競爭，所以便建議陳水扁努力推動二次金改，鼓勵銀行合併以增強體質。陳水扁採納了蕭萬長的建議，可是二次金改後來卻因銀行亂併一通，廣招譏評；這也是蕭萬長始料所不及的事。

連宋配最後輸給陳呂配，藍綠對立更加嚴重。儘管如此，接替謝長廷的新任行政院長蘇貞昌要召開經濟發展會議，蕭萬長仍然不計其他，只以經濟發展為念，同意與蘇貞昌、王金平任共同召集人，同時還發動包括他主持的中華經濟研究院在內的五個智庫提出「臺灣加值中心」的規劃案。可是蘇貞昌的行政院長位子只做十幾個月就下台了，加值中心方案，後來接任的人也沒有人當作一回事；這也是蕭萬長始料未及的事。

好在，發展經濟一半靠政府政策，另外一半靠民間的資金、苦心和血淚；臺灣經濟發展在民進黨執政期間沒有好成績，但也沒有崩壞；這是我的正論，跟相互惡鬥的人或政黨講的話，自然不同。

如果光看以上記事，好像政黨輪替後，蕭萬長只幫忙民進黨做好經濟，不是的。蕭萬長身爲國民黨副主席，他仍然關心國民黨的生存發展。他被連戰主席交付重建黨的論述任務。花了不少工夫，完成任務後，他才以世代交替至關重要，懇辭副主席一職。

之二

建立「兩岸共同市場」是蕭萬長的創見，也是他的信念。除了成立基金會推動外，在野八年，他多次深入中國大陸考察彼岸經濟發展，並與中共新一代接班人會談，還每年參加博鰲論壇，倡導他的信念。

德國和法國是世仇，仇恨比蔣毛的仇恨還嚴重好幾倍。二次世界大戰後，法國外交部長舒曼高瞻遠矚，提出化解歷史恩怨的「舒曼計畫」，倡議從德法共組煤鋼聯盟開始，追求和平。一九五一年，法國、德國、義大利、荷蘭、比利時、盧森堡六國在巴黎簽訂歐洲煤鋼共同體條約。一九五八年，這些國家進一步成立歐洲經濟共同體和歐洲原子能共同體，其目的在於創造共同市場，取消會員國間關稅，以促進會員國之間勞力、商品、資金、服務的自由流通。

其後三十年間，歐洲各國先後加入。到了一九九三年，歐洲聯盟正式成立。歐洲聯盟組織嚴密，合作事項具體，遠非聯合國鬆散的組織可比。

為什麼從煤鋼開始解決？因為製造武器要燒煤煉鋼；把煤鋼的用途管控了，不拿去製造打仗的武器，拿來製造生產的犁鋤，則戰爭可免，和平可期。這也就是中文講的「化干戈為玉帛」的具體實踐。

這個煤鋼聯盟顯然是人類智慧的大發揮，所以後來才會演變成「歐洲共同市場」，再發展成今天的「歐洲聯盟」。二戰結束半世紀後，歐洲永久和平終於成為可能。

蕭萬長長期參與臺灣經建，深知臺灣內需市場太小，又由於長時間參與對外經貿談判，深知世界廣大。他在國貿局長、經濟部長、經建會主委和陸委會主委任上，兩岸民間經貿關係有如雲霄飛車往前直衝，這種情形更讓他相信政府政策贏不過經濟誘因，經濟自主權操之於人民，人民要往哪裡去，政府是擋不住的。

再從經濟全球化的角度看，蕭萬長認為：全球經濟從五、六百年前開始，就持續在進行全球化的腳步，全球經濟體系的範圍和結構一直在擴大、整合。過去二十多年來，資訊科技的快速發展，加上美國推動自由貿易以及冷戰結束，使得全球經濟擴張整合的速度加快。

綜合以上敘述，扼要的說，蕭萬長認為：一、德法世仇都可以化解，兩岸有什麼好仇視的呢？二、政權相互仇視，工商業界卻能基於經濟誘因，自主排除了仇視態度；三、兩岸經貿發展二十年下來，已呈現極為密切的依存關係；四、那麼，何妨順應全球化潮流、利用地理和文化優勢，經由建立「兩岸共同市場」，讓一加一大於二，讓臺灣得到最大的利益？

「兩岸共同市場基金會」於是在民國九十年正式成立。蕭萬長曾於民國九十四年手著《一加一大於二——邁向兩岸市場之路》一書（天下遠見公司出版）對走向兩岸共同市場的步驟詳加說明。這些步驟是經由官方協商，先達成自由貿易區與關稅同盟的共識，然後就投資與貿易的保障、兩岸金融合作與接軌、爭議排除與仲裁制度的建立、智慧財產權的保障與專利認證規範的整合、產品標準規格化與標準檢驗認證規範、臺灣人民完整權益及共同投資開發計畫等七大課題完成談判。蕭萬長認為要花二、三十年。

因為蕭萬長深信建立兩岸共同市場是臺灣最大利益之所在，所以成立基金會之不足，八年在野期間多次進入中國大陸，除了訪視臺商，瞭解中共經濟發展現況之外，也與包括習近平、李克強等新一代中共領導人廣泛接觸，推銷他的信念。

民國九十四年四月，國民黨主席連戰在北京與中共國家主席胡錦濤會晤，會後宣布達成的共識包括「促進恢復兩岸協商後，優先討論兩岸共同市場問題」，這是中共官方首次正面回應。

當年打得頭破血流的國民黨和共產黨舉行連胡會國共和談，國民黨和民進黨卻在臺灣內部吵得面紅耳赤，有時候還在立法院內拳腳相向。民國九十七年總統改選的時候，民進黨抨擊馬蕭搞兩岸共同市場就是搞「一中市場」，弔詭的是「兩岸共同市場基金會」於九十年三月廿六日下午二時三十分，在圓山飯店舉行成立典禮的時候，陳水扁總統親臨參加，還上台致詞稱讚蕭萬長具有宏觀遠見。

這樣說，各方讀友先進就可以充分瞭解爲什麼政黨惡鬥不好。兩岸關係的處理是臺灣涉外事務，民主政治成熟的國家，涉外事務講究政黨合作。「兩岸共同市場」的見解好不好？可不可行？不可行的話，您有沒有更好見解？這些是屬於理性討論的範疇。

除了深入中國大陸各省訪問，蕭萬長在野期間，幾乎每年都去海南島參加「博鰲論壇」。「博鰲論壇」是由澳洲總理霍克、菲律賓總統羅慕斯、日本首相細川護熙等政要發起，並徵得中共國家主席江澤民全力支持而設立的一個國際經貿諮商平台，希望聚集各國政要，會商共榮之道。蕭萬長以「兩岸共同市場基金會」名義申請參加，民國九十一年十一月取得基礎會員資格。隔年十一月第一次率團參加博鰲亞洲論壇年會，並發表專題演講。博鰲在海南島西南部海邊，中共希望每年在那裡舉辦的國際論壇可以讓中共得到經濟發展的智慧。蕭萬長希望那種國際場合，臺灣不要缺席，說不定哪一天在增進臺灣利益時會派上用場。

除了經貿大事費心之外，其實蕭萬長的在野生活很充實。八十九年六月，他欣然前往泰國，接受蘭實大學頒授給他的榮譽哲學、政治學及經濟學博士學位。九十年五月，去韓國接受成均館大學頒授的榮譽經濟學博士學位。九十一年七月受聘擔任中華經濟研究院董事長。九十三年六月國立嘉義大學頒授給他榮譽理學博士學位。此外，九十五年他開始擔任法鼓山法行會會長。因爲還行有餘力，所以他也在政治大學和輔仁大學指導EMBA班學生。

不過，讓蕭萬長最高興的好像有兩件事。

一件是打球的時候，蕭萬長喜歡要大家一起打藍梯。藍梯是給選手水準的好漢打的，一般男士打的是白梯，女士打紅梯，七十歲以上長者打銀梯。十八洞總里程，紅梯和銀梯比白梯少幾百碼，白梯又比藍梯少幾百碼。每次蕭萬長說服大家打藍梯的時候，不管大家同意不同意，他都很得意。

另一件是當外孫女回來看他，外孫女「阿公、阿公」叫個不停的時候，他更高興。

民國八十八年八月，
在臺灣大學國際會議廳接受
美國俄亥俄州立大學授予
榮譽公共服務博士學位。（上）
民國九十年五月，
韓國成均館大學授與蕭萬長
榮譽經濟學博士學位。（中）
民國一〇一年四月，
獲台北科技大學
名譽哲學博士學位。（下）

泰國蘭實大學授與蕭萬長榮譽哲學、政治學及經濟學榮譽博士學位。

先生一行莅臨北京大學

民國九十年率團訪問大陸時，
在北京大學與臺籍經濟學家
林毅夫（右二）等人會面。（右）

民國九十年
發表「一加一大於二——
邁向兩岸共同市場之路」一書。（上）

民國九十年二月，
蕭萬長訪問美國華盛頓，
在AEI（美國企業研究所）
發表「兩岸共同市場理念與願景」
專題演講。（下）

委員會議

民國九十年，應邀協助民進黨政府發展經濟(右)，在「經濟發展諮詢委員會議」上致辭。(左)

民國九十年，在越南參觀台商企業。

民國九十五年十一月，參加嘉義高鐵站啓用儀式。

卷陸

重返榮耀

卷陸 重返榮耀

之一

時序走到民國九十六年，

臺灣政局紛亂達到頂點，民心思變。

馬英九以經建第一重要為由，堅邀蕭萬長搭檔參選。

幾經考量，蕭萬長允諾輔贊四年。

民國九十六年，總統又要改選的前一年。

臺灣政局紛亂得很，而且已經亂了三年。

民國九十三年國親合、連宋配。自始至終連宋的民調都領先，陳呂的民調都居後。投票前夕陳呂配在臺南掃街時發生槍擊事件，隔天開票陳呂以多出不到三萬票險勝。支持連宋的民眾認為選舉有鬼，齊集總統府前靜坐抗議，持續一週之久。之後連宋提出選舉無效和當選無效官司，並且要求成立三一九槍擊案眞相調查會，聲言「沒有眞相，沒有總統」。

民進黨政府對眞相調查會採取杯葛態度，選舉官司後來經驗票結案，藍綠對立情緒卻節節升高。

陳呂連任後不久，陳總統親家和女婿涉入股票內線案。又不久，國務機要費案喧騰社會。又其後，馬英九市長特別費案發，藍綠從對抗進而變成仇家，陳水扁總統經立法院三次罷免未成，以反貪腐爲訴求的紅衫軍運動風起雲湧。

馬英九卸任臺北市長。特別費案起訴之日，辭黨主席宣布參選總統。民進黨「四大天王」角逐總統候選代表權，謝長廷勝出。輸給謝長廷的蘇貞昌最後似在黨內壓力下同意謝蘇配。

那麼，馬英九找誰搭配？

五月，曾任蕭內閣副院長的劉兆玄拜訪蕭萬長，傳達馬英九希望找蕭萬長搭配的訊息。蕭萬長認爲自己已在過寧靜幸福的退休日子，又認爲世代交替重要，明白表示並無意願。六月，馬英九到蕭府拜訪，告訴蕭萬長，多項民調顯示，諸多人選中以馬蕭配的分數最高，同時又強調我國經濟發展至關重要，終於說服了蕭萬長。不過蕭夫人很堅持只輔贊一任。

「只輔贊一任」最後變成馬蕭兩人的君子協定。

現在回過頭去看，大選勢態其實非常明朗。陳呂執政八年中，廣大中下階層，口袋的鈔票沒有增加，物價卻見上漲；國民黨在經濟建設上曾有佳績，藍營競選基調又說「準備好了」，那麼換人做做看，自然變成社會上的普遍心理。

至於藍營拿來做爲另一個主要訴求的反貪腐，依當時情況，綠營反擊乏力。

蕭萬長允諾搭配，自然知道馬英九有省籍考量，所以蕭先生努力奔走南臺灣。到底有多少

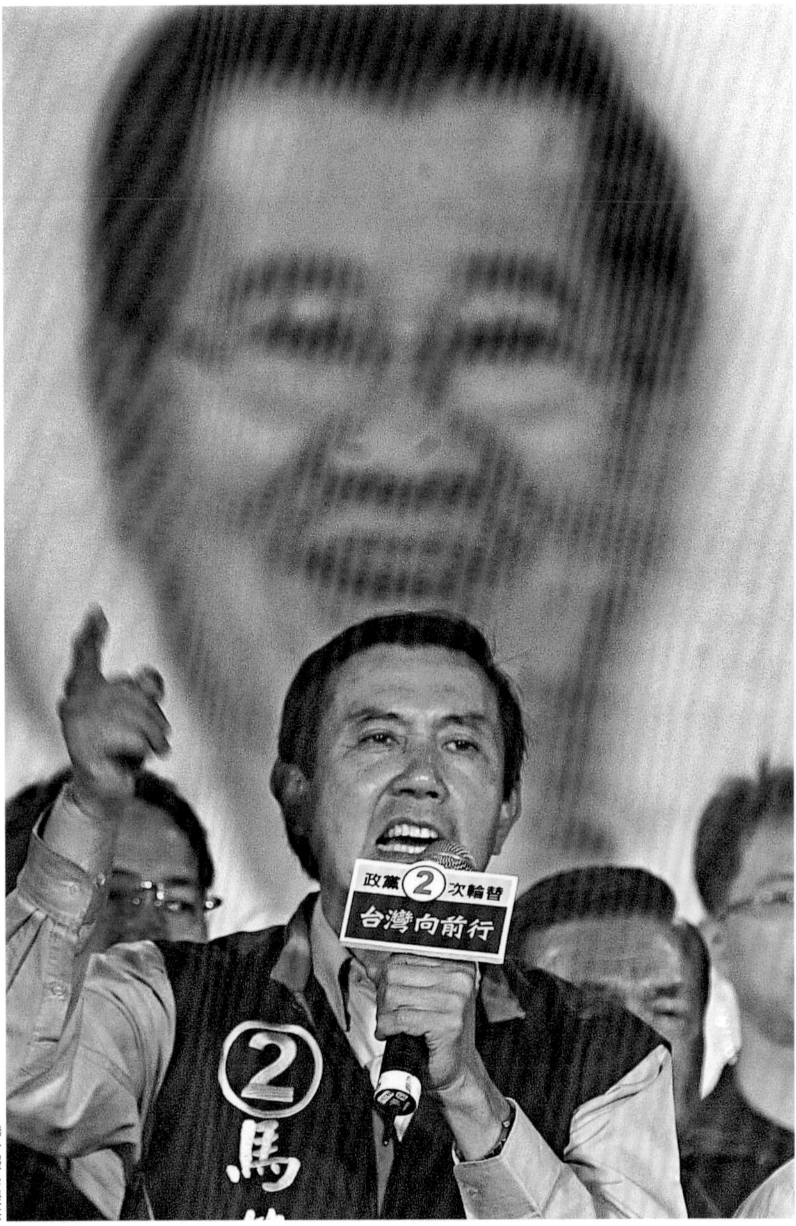

二〇〇八大選，馬英九參加高雄造勢晚會。

聯合報系 提供

票是投給蕭萬長的，永遠不會有答案，不過，有不少中南部的企業界人士公開宣稱，他們票投蕭萬長。

九十七年三月十八日投開票，馬蕭以多出兩百二十一萬票贏得大選，成爲中華民國第十二任正、副總統。

在睽違八年之後，蕭萬長在完全沒有預期的情況下重返榮耀。

之二

蕭萬長自民國九十二年起，每年參加博鰲論壇。
當初曾想到這個管道也許有朝一日對兩岸和平有用處，
果不其然，到了九十七年，
博鰲論壇變成蕭胡會的現成舞台。

總統、副總統就職時間是五月二十日。四月份，博鰲論壇一年一度的集會登場。四月六日馬蕭辦公室發言人王郁琦證實蕭萬長將赴博鰲開會。四月八日中共外交部發言人姜瑜在例行記者會上表示，蕭萬長將以「兩岸共同市場基金會」董事長身分出席博鰲亞洲論壇。國際上當然知道這個蕭董事長就是中華民國的副總統當選人，所以立即引來舉世矚目。

蕭萬長在四月十一日啓程。團員中除了一些企業界人士外，多了蘇起；外界都知道蘇起是內定國家安全會議秘書長。

四月十二日，眾所矚目的蕭胡會登場。馬英九和蕭萬長事先商妥「正視現實、開創未來、擱置爭議、追求雙贏」的十六字真言，蕭萬長在會晤中明白提出。胡錦濤則是回以「建立互信、擱置爭議，求同存異、共創雙贏」。

雙方使用的十六個字，「擱置爭議」四個字完全相同，「追求雙贏」和「共創雙贏」沒有什麼差別。我方要對方「正視現實」、「開創未來」指的當然是「正視中華民國存在的現實，共同開創和平共榮的未來」；對岸要「建立互信」、「求同存異」，應該講的就是「兩岸和平發展對大家都好，所以就暫時一中各表吧」。

二十分鐘的會晤中，根據我方陸委會當年發布的新聞稿，胡錦濤向蕭萬長表示，將繼續推動兩岸經濟與文化各領域的交流合作，繼續推動兩岸週末包機和大陸居民來臺旅遊的磋商。國際新聞機構的角度不一樣，像美聯社，評爲馬蕭外交壯舉。像法新社則稱美國官方歡迎這一場有里程碑意義的會晤。英國BBC指出這是兩岸一九四九年休戰以來最高層級的領導人會面。

蕭萬長除了與胡錦濤會面之外，也與美國前國務卿鮑爾、澳洲前總理霍克、菲律賓前總統羅慕斯等分別會談。同時還主持了一場以「臺灣經濟與兩岸經貿展望」爲題的圓桌會議，然後在四月十三日返回臺北。

溯自國貿局長任上，蕭萬長每年率團與各國進行貿易談判。到了經濟部長任上兩度參與APEC部長會議、一度前往瑞士進行GATT入會折衝。又到了經建會主委任上，兩度代表李登輝總統參加APEC元首高峰會，國人恆以「事事蕭萬長、年年蕭萬長」笑談蕭萬長不變的國際事務角色。

事實是，蕭萬長外交官出身，深諳折衝樽俎之道，加上長期浸淫經貿領域，又能深入鑽研問題內涵，可以說在這個領域上，他熟知所有地形地物，透徹對方戰術、戰略，所以每次都能攻無不克，勝仗而歸。

國人不知道的是，幾十年下來，蕭萬長滿嘴假牙，多次積勞成疾，胃出血是小兒科。有一段時間，蕭萬長嘴上有破皮的時候多，沒有破皮的時候少！

之三

舞龍舞獅，鑼鼓喧天，
高興就職不久，國際金融海嘯迎面而來。
副總統依憲備位，但碰到財經難題，
蕭副總統就必須費心了。

馬英九和蕭萬長在九十七年五月二十日就任中華民國第十二任正、副總統。

邀請蕭萬長搭配參選時，馬英九對外宣稱，蕭萬長將是新政府的「經濟總設計師」，就任後，馬蕭合議在總統府設立一個「財經諮詢小組」，由蕭副總統擔任召集人，希望由蕭副總統扮演兌現馬蕭競選政見中相關財經部分的推動者；其中當然包括「六三三」政見。

國際金融海嘯的源頭是美國金融業操弄過頭，房市泡沫化。美國是世界龍頭，美國打噴嚏，全世界也跟著感冒發燒；臺美經貿關係密切，所以迅速波及。

蕭副總統主持總統府「財經諮詢小組」的運作模式是，拿具體的難題與來自企業界、學術界和各財經智庫的十餘名成員，充分討論，做成具體建議，然後送請馬總統依行政體制辦理。

面臨來勢洶洶的金融海嘯，蕭副總統最後決定建議政府採行「三挺政策」——政府挺銀行、銀行挺企業、企業挺員工。

這個對策的腦力激盪過程是這樣的：

金融海嘯首先衝擊製造業，廠商的訂單銳減，有些信用狀可能被取消，假如銀行不挺製造業，那麼勢必掀起製造廠家的倒閉潮；此時只有銀行支持製造廠，製造業才能渡過危機。

可是銀行業也是產業的一環，要銀行挺製造業，那麼誰來挺銀行？事實是不管多大規模的銀行，只要一擠兌，沒有一家銀行可以活存。因此只能由政府出面挺銀行。

我國法令，銀行存款戶只有一百萬元以下有保險，政府只好作成「一年內存款全額保險」的決策。這是信心問題，所以政府用實際作爲來保全全體客戶的信心。

政府挺銀行，銀行保全了；銀行挺企業，企業保全了；那麼假使企業不挺員工，亂裁員，倒過頭來，企業、銀行、政府都會遭殃，所以企業必須挺員工。

語云：行家一出手，便知有沒有！我國只做成高明政策，從頭到尾沒花一毛錢，就渡過了窮凶惡極的國際金融海嘯。

這個政策，後來很多國家援用，也見效果。

不過「六三三」一時畢竟兌現不了了。沒有金融海嘯的話，要達成經濟年成長率六％以上、失業率三％以下、國民平均年所得三萬美元以上，都需要頭殼發燒好幾年，何況有金融海嘯！

這幾年來，執政黨藉金融海嘯來解說何以政見支票跳票，在野黨用政見跳票來嘲笑施政無能；這是兩黨互動的慣常模式，大家已見怪不怪。

不過，我總是覺得，有的政黨字典裡沒有「易地而處」這個詞，有的政黨字典裡沒有「感同身受」這四個字；假使大家有朝一日能夠善意協商，都用完整版的同一本國語字典，該有多好！

之四

副總統是一國元輔，所以工作不少，使命必達。

四年任期中，蕭萬長所言所行足可向歷史和人民交代。

也為半世紀無私奉獻國家的生涯畫下圓滿句點。

剛躲過國際金融風暴，民國九十八年八月八日南部豪大雨成災，小林村滅村，死了六百多人，工廠和農林漁牧損失不貲。此時蕭副總統肺腺癌開刀療養中，他只能把當年行政院長任上處理九二一震災的寶貴經驗，提供給馬英九總統做參考。對自己不能親往災區，頗爲神傷。幸好，政府在短時間的驚惶失措後也能迅速進入狀況。劉兆玄是蕭副總統在行政院長任上的副院長，劉兆玄後來從閣揆位子上鞠躬下台，蕭副總統非常難過。

監察院監察委員和考試院考試委員任期六年，司法院大法官任期八年，改任的時候，多年來例由副總統召集提名審薦小組，蕭副總統逐一順利達成任務。

馬蕭在競選時曾強調人權治國，在總統府成立「人權諮詢委員會」成爲政府政策。蕭副總統諮詢各方，覓妥委員，奉總統指派擔任召集人，依原訂宗旨，展開運作。

由於蕭副總統聲望崇隆，加以社會人際關係網絡綿密，自然，各種演講、參觀、邀訪、剪綵的行程不斷。

九十七年九月，蕭副總統率團訪問友邦史瓦濟蘭，參加該國獨立四十週年慶典。一百年五月，又以特使身份率團遠赴巴拉圭，慶賀該國獨立兩百週年。

巴拉圭建國兩百年，中華民國也已建國一百年，這是歷史盛事。蕭副總統從九十八年開始負責全面規劃慶祝建國百年的各項活動。

就職三週年過後十天，也就是一百年的五月卅日，蕭副總統公開宣布，依馬蕭君子協定，不參與二〇一二年的大選。其後，蕭副總統允任馬吳（敦義）競選總部主任委員，除了奔波幫忙外，還構思經建方面多項政見供參。

馬吳配其後勝選。

國人同胞大概都在電視轉播上看到馬英九在當選連任當夜，首先稱讚微笑老蕭，說他總能在關鍵時刻提出關鍵意見，讓政府得能突破難關，所以馬英九公開表達感懷。

辦完了總統改選，這就是意味四年任期已近尾聲，做爲一國元輔的歲月告一段落。

回首四年副總統任上，雖然蕭萬長不多說，但我確知，有一些事情他不以爲然，有一些日子過得不是很愉快；但整體而言，蕭副總統任上所言所行，足可向歷史和人民交代，並且圓滿畫下半世紀無私奉獻國家的句點。

民國一百零一年五月上旬，蕭副總統還爲油電價格方案折磨心智，同胞咸感讚佩。兩個禮拜後的五月十九日，他以優雅的背影走下歷史舞台，就像一年前他在引退聲明上說的，怡怡然「還我初服，歸隱林泉」。

《中庸》第十七章：「故大德，必得其位，必得其祿，必得其名，必得其壽」，信哉斯言！

千江有水千江月，

萬里無雲萬里天。

人生風景本來無限美好；擁有同胞飽滿的感念和祝福，蕭先生引退後的人生風景好上加好！

二〇〇八大選，勝選之夜，馬蕭向群眾致謝。（右、左上）

中國時報 提供

選前最後一個假日台北造勢活動（中一）。蕭萬長參與高雄造勢遊行（中二）。聯合報系 提供

民國九十七年五月廿日，副總統當選人蕭萬長先生宣誓就任中華民國第十二任副總統（下）。

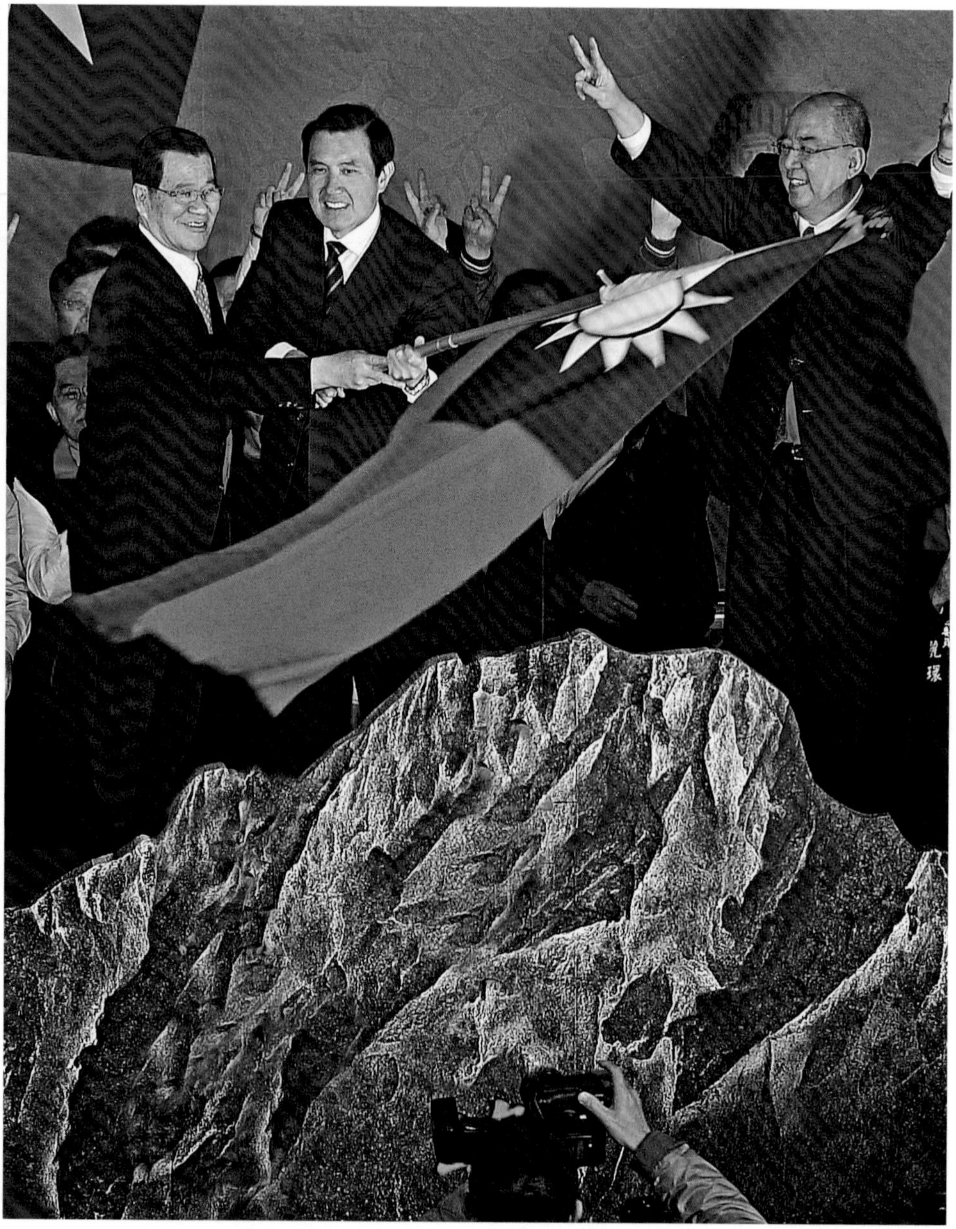

二〇〇八大選，候選人馬英九與蕭萬長在玉山主峰模型上揮舞旗幟，強調愛臺保臺。

聯合報系 提供

民國九十七年四月，
副總統當選人蕭萬長
赴海南島參加
博鰲亞洲論壇年會，
與中國國家主席胡錦濤
在開幕式後晤談，
左為隨團與會的
台積電董事長張忠謀。

中央社 提供

民國九十七年九月十八日，總統宣布總統府設置「財經諮詢小組」，由蕭副總統任召集人。會議目的在於廣徵建言、聆聽意見，並彙整具體建議，供政府施政參考。圖為一百年元月，小組第卅一次會議，主題為電視數位化與數位匯流。

民國九十七年九月，
史瓦濟蘭國王恩史瓦帝三世向
參加史國獨立四十週年慶的
蕭副總統握手致意。（上）
民國九十九年七月，巴拿馬
副總統瓦雷拉來訪，
並頒贈該國最崇高榮譽等級
「巴爾波大十字勳章」，
以感謝蕭副總統
對促進兩國邦誼的貢獻。（中）
民國一百年十月，
副總統伉儷出席在總統府前廣場
舉行的國慶大典。（下）

民國九十九年十一月，蕭副總統接見來訪的沙烏地阿拉伯商工會副主席阿布都拉西姆一行。

民國九十九年十一月，
蕭副總統在
「二〇一〇年臺灣國際文化
創意產業博覽會」
專題演講。（上）
民國一百年三月，
在中壢接待來訪的新加坡
內閣資政李光耀。（中）
民國九十九年九月，
接見世界少年棒球基金會
王貞治理事長。（下）

民國九十九年十月十日，「總統府人權諮詢委員會」成立，蕭副總統任召集人。成立目的，一方面協助制定人權政策，另一方面審查年度國家人權報告。圖為民國九十九年十二月，蕭副總統主持第一次委員會議。

民國一〇一年四月，
副總統出席
《公民與政治權利國際公約》與
《經濟社會文化權利國際公約》
及國家人權報告發表記者會。（上）
副總統任上赴花蓮
參訪黎明教養院。（下）

民國一百年五月，
蕭副總統率團訪問巴拿馬，
由其副總統兼外長瓦雷拉陪同，
訪視巴京東區醫院，
並出席北區醫院合作計畫說明會，
受到當地小學生熱情歡迎。（上）
民國一百年五月，
副總統伉儷出訪巴拉圭及巴拿馬訪問行程，
專機往返均過境美國紐約甘迺迪機場，
美國在台協會理事主席薄瑞光親上專機接送，
兩人並曾於飯店短暫會晤。（下）

民國一百年五月，蕭副總統赴巴拉圭參加該國獨立二百週年慶祝活動，與巴拉圭、烏拉圭及玻利維亞等國總統及特使，共同參與祈福彌撒。

婦聯

民國一百年四月，
蕭副總統出席
「中華民國婦女聯合會
第六十一週年會慶晚宴」。(右)
民國一百年七月，出席經濟部
「建國百年 經建特展」高雄場
揭幕典禮。(上)
民國一百年五月，參加
「苗栗客家桐花婚禮」活動，
為新人福證。(下)

EXPO'11
TAIPEI WORLD
DESIGN EXPO
2011臺北世界設計大展

民國一百年四月，蕭副總統分別出席「2011台北世界設計大展」（右）及「雲端運算產業推動成果發表會暨綠能雲端資料中心」兩項啓動儀式並致詞。（上）

民國一百年七月，蕭副總統出席「第二十二屆國際生物奧林匹亞競賽開幕典禮」。（下）

民國一百年三月，副總統出席「2011年新興市場採購夥伴大會」開幕典禮、「外貿協會拓展大陸市場廠商聯誼會」暨「外貿協會拓展新興市場廠商聯誼會」成立大會。（上）人生是一次又一次的揮別，民國一〇一年五月廿日，蕭萬長揮別了五十年的公職生涯。（下）

民國一百年十月，副總統於「LPGA台灣錦標賽決勝回合」場上與民眾一起為曾雅妮加油。

附錄一

大家都談蕭萬長

他才三十九歲，官位也不過祇是國貿局的副局長，但這麼年輕又資淺的一位官員，卻能在臨危受命率團赴華府談判後，替臺灣在中美斷交後爭取到永久最惠國待遇，當時臺灣處境風雨飄搖，民心彌漫失敗主義，蕭萬長在前線的捷報，不但受到他的 mentor 汪彝定等人的肯定，也是他在財經技術官僚系統中展露接班人態勢的開始。

後來的歷史也果然證明蕭萬長確實具備財經接班人的各項條件。但他是一個感恩念舊的人，我曾經在許多場合都聽他講過上一代的人，尤其是汪彝定，給他的歷鍊與訓練，譬如說，汪彝定在每次談判結束後，都會找他單獨面談，並且像圍棋覆盤一樣，把談判過程重演一遍，提醒他當時犯了哪些錯誤；他至今仍然感念那種師徒制的訓練，也感嘆官場中這樣的傳統已成絕響。

按理說，蕭萬長曾經受惠於這樣的傳統，更曾經做過位極人臣的宰輔之位，如果他有意要培植一個以他爲核心的財經接班梯隊，不但是勢所當然，也是權可使然；但在近三十年臺灣官場中，雖然有所謂的李系、扁系與連系人馬，也有所謂的宋團隊與馬團隊，但卻從未聽聞有所謂的蕭系人馬或蕭團隊；他的專業性格，他的溫良恭儉讓個性，讓他疏於結幫拉派建立班底；但也因爲如此，一個延續了近半世紀的財經技術官僚系統，也在蕭萬長之後宣告結束。

坦白說，我對蕭萬長未刻意培植財經接班梯隊的評價，一向是三七開，三分肯定他不營私結黨，七分卻惋惜一個傳統在他當家作主後卻及身而止；但即使歷史重來一遍，我相信他仍然會如此，如此的沒有政治性格。

他的沒有政治性格，或者說沒有與人鬥爭攬權的政治性格，不但表現在他能建立而未建立自己班底這件事情上，也表現在他的日常言談之間。我多次與他聊天，談話中除了近幾年多了一些有關養生之道的話題外，他一向是祇談國事不涉政治，他可以對他念茲在茲的自由貿易島概念「談它千遍也不厭倦」，但祇要一碰到權力的話題，例如有人問他博鰲之行是否被人認為有功高震主之嫌？當副總統後是否反而變成了權力核心的局外人？他主持的總統府財經小組的決議是否被內閣束諸高閣？他總是立刻露出談興大減的表情，好像政治與權力都是不潔之物，離他愈遠愈好。

我這幾年跟他唯一一次不談財經也不談其他國是問題的聊天，是在跟紙風車劇團成員的一次餐敘中。當天紙風車才剛從烏坵演出回來不久，終於完成了他們將近五年、走遍三一九鄉鎮的「孩子第一哩路」藝術工程，那場餐敘是他們的答謝宴，答謝的對象就是幫他們聯絡軍方排除萬難，才讓他們能到國境之西的烏坵登陸演出的蕭萬長；那個晚上餐桌上的話題，從頭到尾祇有文化、離島、紙風車以及演出時現場那些難忘的孩子們的笑聲。

當然，當天笑得最開懷的是蕭萬長，那個即將遠離政治、還他布衣的「臺灣最後的財經專業菁英」；我也是在那天晚上才隱約感覺到：「布衣老蕭」也許才是「微笑老蕭」的代名詞，一個名實相符的代名詞。

「浩蕩離愁白日斜，吟鞭東指即天涯；落紅不是無情物，化作春泥更護花」，龔自珍在一百七十多年前辭官後寫的這首詩，想必也應該是布衣蕭萬長的心情寫照吧！

歷練豐富 樂於助人

施振榮

由於個人經營產業，由於蕭先生長期掌理我國經貿政務，我與蕭先生認識已久，不過，近年來才與蕭副總統有較多的互動，是因爲受邀參加總統府的財經諮詢小組會議，由於會議由蕭副總統主持，因此有段期間經常與他及產官學界的先進一同開會，討論及分享對許多重要的產業及財經政策的看法。

蕭先生擔任公職以來，歷任許多重要的職務，可說是歷練豐富，尤其他的財經專業背景，更成爲層峰重要的左右手，對臺灣經貿與產業發展做出許多具體的貢獻，也對臺灣長期發展方向提出許多前瞻、創新的政策方向。

個性使然，蕭先生臉上總是掛著微笑，讓人極容易親近，也因此有「微笑老蕭」的稱號，這也讓他的民間友人眾多，大家總是喜歡與他親近。

更難得的是，蕭先生很樂意幫忙朋友，在我由宏碁集團退休後，擔任「HOPE高爾夫希望工程促進會」會長期間，爲了協助整合及凝聚高爾夫運動領域的力量，還經常請蕭副出席相關活動，爲大家加油打氣！

今年初在文建會主委盛情邀約下，我擔任國家文化藝術基金會的董事長，爲了替藝文界爭取更多的資源，我積極推動「藝企合作」，並邀請蕭副爲國藝會的活動站台，他不僅親自出席活動，還公開宣布未來也將擔任國藝會的義工，一同加入來幫忙藝文界的朋友，讓人十分感動。

這就是我與我國經建巨擘蕭萬長先生互動的眞實記述。

那年，那事，那個人

薛琦

一九八〇年代後半，臺灣經濟出現了一個前所未有的變局：總體經濟的失衡與伴隨而來產業結構的調整。前者指的是外貿大幅出超；後者是當臺幣大幅升值後，臺灣的經濟與產業結構必須廣泛調整。現在回想起來，當時工資遽漲，產業快速外移，環保議題浮上台面，還不包括上街頭的勞工與民主化風潮。在經濟層面，新產業在哪裡？傳統產業又如何升級？服務業在長期工業掛帥的思維下，似乎從未被認眞思考過它龐大的發展潛力與重要性。

一九九〇年六月，蕭先生接經濟部長，我則在二個月後接任臺大經濟系主任。蕭先生以他過去長期服務國貿局與二年任職經建會副主委的經歷，他在思考臺灣下階段經濟、產業的發展藍圖時，當會有不同想法。我自己過去一直研究在臺外人直接投資，因此對八〇年代後期出現的對外投資——臺商——並不陌生。徐小波先生則長期接觸外商，對當時外商間興起的區域經濟，營運總部的營運模式也多有體會。九二年蕭部長委託我們兩人再加上杜震華、劉紹樑教授，一起從事「在臺灣設立亞太營運中心可行性研究」。

這個研究的主軸就是自由化、國際化。前者是法規鬆綁，後者是建立與國際接軌的管制體制（regulatory regime）。它不是硬體建設，是個道道地地的制度改革，而且要好好發揮臺灣綿密的對外投資網絡與具樞紐的地理位置。具體的方案後來落實到發展建立六個營運中心上：製造、電信、航空、海運、金融與媒體。值得注意的是六個中心中，有五個是歸屬於服務業。它即時開啓了臺灣後工業化時代經濟與產業發展的新局。

當研究計畫尚未完成，蕭先生回到他熟悉的經建會。蕭主委現在開始主導全國經濟發展大政，亞太營運中心的構思想必常繞在心。一九九三年秋，經建會崔副主委退休，蕭主委邀約加入他的團隊。我記得他說：「你認爲亞太營運中心做得成？做不成？」，我說：「當然做得成」。就這樣我成了經建會的一員。對研習經濟的人來說，有機會教書，更有機會把自己相信的事付諸實現，是件多美好的事。

一九九四年參與由蕭主委在擔任部長時期主導加入GATT／WTO的談判，負責GATS的部份。我那時常說亞太營運中心是我們單邊（unilateral）自己主動追求的自由化，加入WTO是藉由多邊（multilateral）協定共同推動的自由化。爲展現我們推動自由化的決心，我們在GATS談判中絕大部份自由化的承諾談完後就立刻付諸實施。中華電信公司的成立，UPS與Fedex相繼來臺，高雄港貨櫃轉運中心成形，碼頭工人改制，金融部份加快開放速度，外銀進駐，資本市場開放提供IT業所需資金，臺灣服務業轉型，提供製造業進一步提升的環境。臺灣的產業與出口徹底轉型，這都發生在那段時間，那件事上。

他，我們當年一起追隨的人。

無私奉獻

陳添枝

我認識蕭萬長先生始於二〇〇二年的夏天，那時政黨輪替已經兩年，報上甫發表他接下中華經濟研究院董事長的職務。他有一天打電話給我，請我見面吃飯，話題是讓我擔任中經院的院長一職。我和他素昧平生，第一次見面即交付這樣重大的任務，而且一副胸有成竹的樣子，毫無「面試」的氣氛，顯見他已蒐集相當情報，並作出了判斷。我當時並沒有答應，不是他的誠意不足，而是我深知中經院是個「火坑」，已經連續赤字多年無法改善，人才不斷流失。我雖是中經院出身，對中經院有情感，但要改善赤字，使中經院走上永續經營的道路，非大刀闊斧改革不可。這種事吃力不討好，而且得罪人，我不太確定他會支持。我當時在臺大過著閒雲野鶴般的日子，也不想討這種苦差事。我向他推薦了一些替代人選，吃了一頓好飯，就此揚長而去。

一個月沒動靜，我猜想已經脫離險境，正自慶幸；不意不久蕭先生又來電，又約吃飯。此次他有備而來，娓娓談起他在年輕時（四十三歲）被蔣經國先生破格任命爲國貿局局長的故事；他說他雖固辭，但最終感於蔣經國先生的眞誠而受命。蕭先生問我幾歲，我據實以告，他說這種年紀（已經老大不小）應該爲社會做點事，中經院是國家智庫，不能任其頹敗。我最後被說服，接下院長的職務，他答應全力支持我的任何作爲。

我上任伊始，即在中經院進行劇烈的改革；例如全體員工（含院長）減薪百分之二十，削減行政部門人力約百分之二十，建立誘因機制，把固定薪資改爲彈性薪資，以激勵同仁承接計畫。這些改革的大要雖然事先向董事長報備，但執行細節都是我和同仁商量審酌後決定。改革的幅度遠超出當初的預期，部分同仁強烈反彈，辭職出走的大有人在。但蕭先生不論人前人後，對我進行的改革全力相挺。他常對訪客說：「我是董事長，他才是CEO。」有了蕭先生的尙方寶劍，改革十分順利，而且完全到位，中經院在二〇〇三年即轉虧爲盈，而且從此未再出現赤字的現象。

蕭先生由行政院院長之尊屈就一個「赤字連連」的小研究院的董事長，看的預算書由幾兆元忽然變成兩、三億元，我其實有些擔心他心理無法調適。後來我逐漸發現他全心投入這項工作，並無心理窒礙，他把中經院當成一個政策形塑的平台，並且前瞻性、全球性的看待政策形成的本質，他在這個平台上和國外政要及智庫頻繁互動。他也樂於和院內的年輕研究員討論政策議題，赤子之心和求知的熱情，完全不像一個久經官場洗禮的政治人物。

我在那些年利用蕭先生的光環和人脈替中經院做了一些事，這些事對後來中經院的發展有很大的幫助。蕭先生也在中經院這個小舞台上爲國家做了一些重要的事。他最令我佩服的是他的心中只有國家和社會的利益，沒有私利或黨利，政黨輪替對他奉獻社會的心並無妨害。他願意燃燒他的一切資產，包括聲譽和生命來協助臺灣社會不斷向前、向上。他常說他是「少數由科員做到行政院院長的人」，他的經驗可以供許多人參考。我認爲他最值得「參考」的，是一份無私奉獻的心，這個心無論在哪個位置上，都發揮得淋漓盡致。

一般人最常看到他的「微笑」，這個招牌微笑在順境時顯得自然，在逆境時顯得可貴。這些年的接觸，我漸漸瞭解微笑的背後其實是一顆溫暖的心，一顆無私而常思有以助人、有所奉獻的心。這顆燃燒不息的心，是臺灣庶民社會五十年來累積的珍貴資產的縮影，我預期他雖在政壇退隱，仍會繼續發出光與熱。

叔度汪汪，其器深廣

——我所認識的蕭萬長先生

管中閔

萬長先生擔任公職多年，我則一直棲身學界，兩人本來幾無交集。幾年前因緣際會，讓我有機會認識了萬長先生，後來還參與了他主持的一些活動，因此能夠近距離觀察到他的許多特殊之處。

我在二○○二年時第一次拜見萬長先生。我那時擔任中央研究院經濟研究所所長，代表所方去邀請萬長先生擔任我們主辦的經濟政策研討會的貴賓並致詞。雖然初次見面，萬長先生態度極爲和藹，對於我的邀請欣然同意，而且還談了一會兒經濟政策研究的工作。我告辭時，他示意要送我出去；我雖然幾次請他先回，他仍然堅持送到電梯門口。在等電梯的那幾十秒，我覺得極爲不安，他卻始終滿臉笑容的說著話。電梯終於來了。我快步走進電梯，回頭一看，萬長先生仍然站在那兒，而且還鞠躬致意；我心中大驚，連忙在電梯門關上之前深深的鞠了個躬還禮。在電梯內，我的心中滿是驚訝與感動，怎麼也沒想到一位擔任過我們行政院長的長者，會對第一次見面的晚輩這麼客氣。

二○○八年六月初，萬長先生已經就任副總統，有一天中午找我去總統府談一件事情。結束後我向他告辭，他卻一邊說話一邊向外走。即使我一再請他留步，他仍然滿臉笑容繼續走，結果又一路送到了電梯口。電梯來了，我快步走進去，回頭一看，他還是站在那兒；有了以前的經驗，我這次沒有太失禮，我們幾乎在同一時間相互鞠躬道別。六年前與六年後，他的笑容依舊，態度一樣親切，更沒有因爲身份而改變了對人的態度。這樣的禮數，這樣的風範，令人心折。

臺灣在二〇〇三年時陷入SARS的恐慌之中，經濟瀕臨衰退邊緣。當時的陳水扁總統成立經濟顧問小組，並邀請時任國民黨副主席的萬長先生出任小組召集人。彼時民進黨正與國民黨惡鬥不休，國民黨內視此爲政治分化的陽謀，於是群起反對，但萬長先生卻不計毀譽的接受任命。二〇〇六年時，臺灣仍然深陷於內耗空轉，經濟欲振乏力。萬長先生以中華經濟研究院董事長的身份邀集國內公、民營的研究單位和智庫，嘗試規劃一份臺灣經濟振興，再登高峰的藍圖。在當時國、民兩黨積不相能的政治環境中，這樣的經濟規劃註定得不到重視。萬長先生知其不可而爲，更見其對臺灣經濟前途的關切之情，而這與他當年願意擔任經濟顧問小組召集的人的心情是一以貫之的。

二〇〇八年由美國金融海嘯引發的經濟危機迅速橫掃全球，臺灣亦不能倖免。萬長先生以副總統身份籌組總統府財經諮詢小組，希望藉由許多人集思廣益，能對當時的經濟政策和措施有所補益。我有幸受邀擔任小組成員，於是有更多機會進一步觀察到萬長先生的風格。

諮詢小組會議和我多年前參加過類似的諮詢會議大不相同。以前的會議主席（政府首長）都喜歡侃侃而談，一發不可收拾，結果受邀參加的人反而沒機會說話，或只能簡單說幾句話以爲點綴；這種會議，完全沒有諮詢的意義。但在財經諮詢小組會議中，一開始先由政府相關單位針對討論主題作簡報，隨後則由小組成員和其他受邀的民間代表發言。萬長先生除了簡短的開場外，其餘時間都靜靜坐在那兒聽大家暢所欲言，他謙沖自持的個性，在會議中一覽無遺。

當時有些人在報章上含沙射影，指萬長先生（以及諮詢小組）干涉行政，逾越體制；這眞是厚誣萬長先生了。諮詢小組本就只有建言的功能，小組會議甚至不作結論，而由會議記錄者將會中有參考價値的發言摘要彙總，然後呈送總統參考。我從未在任何一次會議中聽到萬長先生對行政院官員下達過任何指示，或者意圖對諮詢小組強加任何他自己的想法。副總統都如此，諮詢小組成員當然更不可能有任何逾越的行爲。

臺灣經濟雖在二〇一〇年強勁復甦，但內部的結構轉型問題與外部的激烈競爭都仍是經濟發展的隱憂。萬長先生曾經幾次找我幫忙準備一些資料與發言，爲了讓我更瞭解他的理念，他告訴過我許多他以前面對經濟問題的處理經驗，以及影響他決策的想法。從這些談話中，我發現他最在意的就是經濟的開放。事實上，「開放」二字正是他過去推動亞太營運中心的基本理念，也是他後來倡議兩岸共同市場以及自由貿易島的核心思維。他完全知道開放會帶給政府與民間很大的衝擊，但他也確信，唯有衝擊才能爲臺灣帶來新生，臺灣才有脫胎換骨的可能。

即使他對當前臺灣經濟仍有許多想法，但他畢竟只是備位，而無實際行政權力，他的想法未必能落實成政策，這也是無可奈何之事。在他動完肺腺癌手術後不久，他曾經對我說：

「我的年齡和身體都不允許我再參加一次競選了。但不在這個位子上也好，我反而可以更自在的表示我對經濟的想法，說不定反而能夠發揮更大的影響力。」他這段話透露出他最在乎的還是臺灣的經濟前途，這種執著的關懷眞令人動容。

這一年多來，我看到萬長先生頻繁的出席各種會議與典禮，致詞時總一再強調經濟上開放的重要，以及他對臺灣不同產業再創新局的期待。我知道他已經開始在做他那時告訴我的事。我有時也在同一個會場，當我回頭看著那些聽眾，我眞心盼望大家都能聽進去這一位經濟老兵最眞誠的呼籲。

這些年來，我眼中看到的不是高高在上的副總統，而是一位叔度汪汪，其器深廣的君子，他一心以臺灣經濟前途爲念，他也因此贏得所有人的尊敬。這就是我所認識的萬長先生。

胸懷萬里情義長

黃敏惠

「自細漢、住嘉義，萬長親切笑瞇瞇；
人古意、有嘉義味，認真踏實無心機。
自細漢、住嘉義，萬長世界有名氣；
為鄉里，來造福利，打拚為了咱嘉義。
仰望鄉親來教示，互相鼓勵相扶持，
重建諸羅有威風，走出嘉義新希望。」（臺語）

這是蕭萬長先生在一九九五年返鄉參選第三屆立法委員的競選歌曲，傳神又貼切的歌詞，帶動鄉親全力支持蕭先生以政務官返鄉參選民意代表的熱情，成爲國內外媒體的焦點，尤其是中央噴水池選前之夜，更打響了嘉義市民主聖地的名號。

亦親亦長　人生導師

小時候，就常聽到時任省議員的父親提到，我們在中央有表現傑出的鄉親蕭萬長先生，由於蕭先生的關切和協助，讓地方許多問題都能順利解決。因此每在媒體上看到蕭先生在外交、經貿方面的卓越成就，身爲嘉義人的我就覺得與有榮焉。

一九九五年立委選舉，家父擔任其競選總部總幹事，「古意、親切、謙虛、有能力、很好推銷。」是父親常掛在嘴邊的話。那段競選的日子，蕭先生總以沉穩、懇切的態度，與眾人溝通議題、討論選戰策略，論述擲地有聲且決策果斷，令在座者深深折服，而最後他也不孚眾望，高票當選。

一九九六年我擔任國大代表，與蕭先生有較密切的接觸，蒙他提攜、栽培、更堅定我服務鄉親的決心。一九九八年我甫選上立委，卻因家父突然辭世，讓我有些慌亂。「阿惠，妳父親做的那麼好，你接下服務的棒子，絕對沒有問題，不要擔心！」這話不啻給我最大的信心與鼓勵。對於初任立法委員的我，他如師長般，以淺顯易懂、言簡意賅的方式，開啓我對臺灣經濟發展策略等重大議題的深入，也拓展了我的國際視野。往往在短暫的晤談中，一個提點，就讓我有如醍醐灌頂、茅塞頓開。

在野在朝　胸懷萬里

卸下行政院長後，蕭先生帶著家人四處旅遊，彌補數十年來「爲國忘家」的歉疚，但他仍到世界各地瞭解國際財經情勢，分享臺灣經濟成長的經驗。蕭先生時時憂國憂民，不計毀譽出任扁政府經濟總顧問。他說：「我的能力來自國家的栽培，我就應該爲國家做事。」有能力、盡本分、樂觀、開朗、以國家人民爲重的蕭先生，堅毅的神情，與國貿局長任內遭人丟雞蛋時一樣，爲了國家，個人委屈算不了什麼的從容氣度，讓我印象深刻，至今每當我遇到挫折而煩心時，總以這位鄉賢的典範來砥礪自己，學會樂於承擔、勇於挑戰。

二〇〇八年全球金融風暴衝擊臺灣，政府發放消費券振興經濟，已任副總統的蕭先生強調，我們的經濟體質很好，國民儲蓄總額也很高，只要市場信心一提振，很快就會恢復正常發展，充分發揮安定民心的功能。有一次，我陪他徒步到嘉義市中山路店家消費時，蕭副總統面帶微笑，採購時不斷替商家打氣，沒有官架子、沒有不耐煩，步履身影，顯示他使命必達、全心奉獻的情操。

二〇一〇年九月我率市府中高階主管到臺北參訪，蕭副總統及夫人特別在百忙中撥空與我們午餐，副總統鼓舞大家說：「當公務員不可能富有，想要富有就不要當公務員，公務員追求的是對國家、對社會、對民眾作出積極貢獻的那份使命感與成就感。」、「明年我即將卸下副總統職務，但只要國家還需要我提供建議，我仍會奉獻自己的一份力量」。廉正從公、以國家、人民利益為己任的胸懷，令人感佩。沒有一般政客的伶牙利齒及長袖善舞、卻有睿智遠見的蕭副總統，還會為兩岸關係與臺灣經濟繼續奮鬥，雖然引退，但他必將仍是國家不可或缺的重要砥柱。

心繫鄉土　榮我嘉義

「我一直在想，有什麼樣的產業可以引進嘉義，」對自己的故鄉有高度使命感的蕭副總統，不論在任何職位，都思考著嘉義的未來。

早在一九九八年擔任行政院長時，他就積極整合當時的國立嘉義技術學院（前身為嘉義農專）、國立嘉義師範學院，成立國立嘉義大學，這是臺灣高等教育整合最成功的案例。「拋開立場，眼光放遠」是他在整合時的諄諄訓勉，也因此讓兩個體系不同的學校，逐漸水乳交融並以產、官、學員相互合作，逐步落實「光耀嘉義 揚名全國 躍身國際」的願景。至於以他命名的「蕭萬長講座」，更成爲嘉義的中小企業主的知識加油站、地方產業與臺灣整體經濟發展策略的連接器。

二〇一一年六月十二日爲「鏈結臺灣西部科技走廊」的「嘉義產業創新研發中心」，由副總統揭幕啓用。這所研發中心構思起自「臺創」，計劃以「健康」和「保健」爲主軸、「生物科技」和「精密機械」爲核心，整合食品工業發展研究所、精密機械、金屬工業、自行車暨健康科技工業研究發展中心四大法人機構，積極發展「醫療照護」、「養生保健」、「觀光旅遊」、「精緻農業」、「文化創意」等策略產業。副總統希望「嘉創中心的落成啓用，就像當年新竹科學園區的發展一樣，象徵嘉義地區迎向產業發展新階段的開始。」

謙和、敦厚、守分的他，如同一杯白開水，而爲臺灣勾勒、型塑的卻是無限璀燦亮眼的未來，我敬仰這位微笑中蘊含智慧，「亦親亦師，胸懷萬里」的臺灣經濟領航者——蕭萬長副總統；全國同胞，何嘗不是與我同一心境！

蕭院長——萬丈長情重然諾

楊朝祥

蕭先生擔任立委的時候，我在教育部擔任政務次長，次長的主要職務之一就是國會聯絡，也常需代替部長到立法院備詢，因此，行走立法院就如「走灶下」，但蕭先生長期在經濟委員會，較少在教育委員會，見面的機會並不多，僅有幾次受選民之託，有數面之緣。

民國八十六年夏天，剛好是國民黨十五全選舉中央委員，各部會大多是由部長出馬競選，當時教育部的吳京部長並非黨員，因此，黨部就推薦我出來競選，而我也是唯一參選的副首長。在幾次黨員聚會時，正好也看到蕭先生的身影，而當時媒體已開始報導蕭先生要組閣之事。某晚，剛好我們在一個黨員聚會的地方碰頭，當時的蕭立委要我晚一點到他仁愛路的辦公室見面，我當時以為是要談中央委員選舉之事，但一碰面他就開口談他要組閣，並希望我到研考會擔任主委之事，我當初十分的納悶，因我所學是職業教育，研考的工作並非專長，他很誠懇的告訴我，組閣之後，他希望學術界能給政府更多的支持與指教。我長期在教育部服務，與學術界一向熟稔，希望能予以協助，當時受到他眞誠的感動，就接下了這份重責大任。

研考會除負責研究與發展之外，管考是重要的工作，蕭院長一上任，就對所有部會的首長宣布，每個部會提出兩項最重要的政策由研考會負責管考，半年之後看成效，若績效不彰，部會首長易人。一時之間，各部會上緊發條，競競業業、全力以赴。半年之後，管考的政策都有相當良好的績效，當然沒有部會首長因而下台，但也因此可以了解到蕭院長的責任感與求好心切的心情。

蕭院長是一位非常關心民瘼的長官，每個週末都安排下鄉的行程，當時大都由秘書長、新聞局長及我共同陪同，新聞局長負責新聞發布相關的事宜，而我就負責院長承諾事件的追蹤考核的工作，每個星期一早上到辦公室是我最忙的時候，一方面把院長承諾事件轉告相關部會首長，一方面也轉告同仁列管，因不久之後，院長就要知道辦理的情形，並且讓當事人知曉實際的情形。

院長重承諾不僅是對民間而已，各部會在政務推動的過程中，若有困難之事，院長都願意予以協助，只要答應的事必定做到，因此，與各部會首長見面協商的機會極多。爲了讓首長能有充分的時間溝通，蕭先生在擔任院長期間，每個星期三中午都會邀請需要協商或協助的首長到行政院吃清粥小菜，共同討論、解決問題，同時也培養內閣的團隊精神。

蕭院長是個負責認眞的行政首長，對立法院也極爲尊重，在立法院總質詢期間，每個星期一與星期四下午都會在行政院內事先演練隔天在立法院院會可能質詢的問題，除了各部會必須將可能質詢的問題呈報外，行政院秘書室各組組長也必須彙報各部會重要的施政項目，就像學生準備考試一般。

而協調溝通是行政最重要的技巧，也是政策推動的必要條件，蕭院長因是外交官出身，且在國貿局任職，深諳溝通之道。當初「精簡臺灣省政府」政策推動之時，省府員工相當大的反彈，甚至於集體請假北上到立法院及行政院請願。蕭院長了解若不能說服當時的宋楚瑜省長，「精省」工作將窒礙難行，因此，特別找了一個雙方朋友的住家當作協商的場所，宋省長由吳容明副省長陪同，新聞局的程建人局長與我陪同院長，經過一番懇談之後，雙方有了共識，之後，由吳容明副省長與我分別帶領省府團隊及中央相關部會在現今之院長官邸協商、討論，歷經一星期之馬拉松討論，協商，精省的工作大致底定，若無院長出面協調，「精省」工作不知要延宕至何時。

蕭院長最重視教育，在許多不同的場合裡，他經常提到，他貧困出身，家庭並無背景，若無教育，他不可能有今日，因此，不僅對教育心存感激，對教育的支持更是不遺餘力。民國八十八年中，教育部林清江部長罹患腦瘤請辭，當時研考會的精省及政府再造工作正如火如荼，但蕭院長毅然決然地要我回教育部主持部務，我雖然熱愛教育工作，但實在放心不下研考會的工作，蕭院長除了告知研考會的工作將由人事局魏啓林局長接任，魏局長也是政府再造的重要成員，要我不必擔心，更希望我回教育部之後，全力以赴，造福國家，並爲許多像他一樣沒有家庭背景的孩子創造更美好的未來。

蕭院長熱愛工作，對工作同仁雖嚴格要求，但對同仁也極爲關心，例如過去院會都僅是提供牛奶、咖啡及兩片小點心，院長知道部會首長都極爲忙碌，鮮少有機會一起討論共同相關的業務，因此，特別在院會會場外準備精緻的茶點，讓閣員們能利用院會休息的時間溝通、協調相關的業務。又週末下鄉，經常在趕行程，早出晚歸，常常錯失用餐的時間，院長就會購買當地的特色小吃，像嘉義的雞肉飯、臺南的肉丸、花蓮的扁食，讓大家果腹，也爲辛勤工作帶來歡笑。

蕭院長是經濟、金融專家，民國八十七年亞洲金融風暴席捲亞洲，韓國、泰國、馬來西亞應聲而倒，大量借貸外債，我國情境特殊，在沒有外在的援助下，行政院提出「擴大內需」專案，僅以六百八十億左右的經費就度過金融風暴的危機，由此可見院長對經濟掌舵的能耐。而值得一提的是，在七百億左右的「擴大內需」經費中，就有高達六十四億七千萬元的經費作爲更新中小學資訊設備之用，也可見院長支持教育之一斑。

而院長支持教育的用心在九二一震災中顯露無遺，九二一震災是大家至今難以遺忘的夢魘，在地動山搖中，許多校舍垮了，學校毀了，爲了重建滿目瘡痍的校園，所需經費高達四百億，而行政院也承諾在三年內編足所需經費，但孩子的學習豈可中斷，因此我特別提出向民間募款的計畫，院長都予以全力支持。而印象最深刻的是在經費不足的情況下，有部會首長建議私立學校非政府創辦的學校，給予五成重建費用即可，我在經費分配的會議中一再提出「學校有公私之分，學生無公私之別」，學校重建，都是爲了學生，豈可分公私，基於對教育的熱愛，院長於是裁決，學校重建，不分公私，全額補助，才讓財政一向窘困的私校在校園重建中，沒有遇到經費不足的問題。

蕭先生擔任院長期間，我剛好受其提拔擔任研考會主委的工作，有機會更貼近的觀察，知道蕭院長是一個公忠體國的好行政官，是一個體恤部屬好長官，是一個體察民情的好官員，因爲因緣際會，能成爲其部屬，眞是終身的榮幸。他重然諾、關心民瘼，對家園的愛，萬丈長情，將永遠深植人心。

與蕭萬長先生交往二、三事

張忠謀

一九九〇年蕭先生銜命接掌經濟部，我正擔任工業技術研究院董事長，因工作關係兩人結識並有接觸。有一次蕭先生想走訪美國加州矽谷並要我替他安排行程，我們參觀英特爾及其他高科技企業，那是在英特爾及其執行長葛洛夫當紅的年代，因我與葛洛夫是舊識，遂蒙其親自接待。此行當中，我發覺蕭先生不但對各種新知充滿好奇，學習精神更是高人一等。

一九九九年九二一大地震，全國各地災情慘重，科學園區內各家半導體公司的生產線也受到嚴重衝擊。半導體生產環境原本就極為特殊，地震劇烈搖晃加上接連而來的全面停電，大幅增高了潔淨室的安全顧慮，人員根本無法進入，更遑論復工。由於全球資訊電子業對我國半導體業依賴很深，導致很大的恐慌，我特別致電時任行政院院長的蕭先生，向他說明半導體業情況危急，若是無法及時復電，後果不堪設想。蕭先生很快將此狀況納入救災全盤考量，次日即指揮台電公司，緊急調配一些電力給科學園區，園區內所有半導體製造業者得以運用寶貴的有限電力，開始復工作業。隨後，電力供應一天比一天增加，大家的心情益發得到鼓舞，繼續不眠不休的進行復工。九二一地震後十天，各半導體公司的產能逐一恢復到八、九成，全球資訊電子產業供應鏈的斷鏈危機，終於獲得紓解。

二〇〇〇年五月，我國民主史上首度政黨輪替，國民黨退為在野，蕭先生也告別公職生涯。然而，蕭先生爲臺灣服務的心未曾稍減，特邀集國內二十家企業出資組成財團法人「兩岸共同市場基金會」，台積電也在受邀之列。隨著基金會的成立，蕭先生擔任董事長，我則列名董事之一，兩人從此又有機會共事與交往。

要讓兩岸共同市場理念向前推動，除了朝野兩大黨的充分支持是先決條件外，對岸也要願意討論，否則將會一事無成。二〇〇一年三月廿六日，兩岸共同市場基金會的成立茶會上，民進黨由陳水扁總統代表，國民黨則由連戰主席代表，雙雙到場致詞祝賀，而相關部會首長、工商企業界領袖、基金會董事們亦都出席表達支持，由此可見蕭先生運籌帷幄的功力，以及煞費苦心之處。

基金會成立茶會後不久，傳來大陸當局的回應，邀請蕭先生率團前往訪問。二〇〇一年五月，由蕭先生夫婦領銜，我與內人還有基金會其他多位董事們同行，一起飛往北京，開啓了「溝通之旅」。我們會見了以大陸國務院錢其琛副總理爲首的多位官員，對於兩岸經貿往來及未來交流方向等議題，有許多深入的對話。此外，我們還參觀了北京故宮，並登上了長城攬勝，至今仍印象深刻。

二〇〇三年，爲了與對岸高層建構一個持續、有效的溝通管道，蕭先生帶領基金會成爲「亞洲博鰲論壇」基礎會員，此後每年都組團參與論壇活動。而這個前瞻性的決定，幾年之後竟促成了兩岸交流史上最高層級的「非正式」會談。

二〇〇八年三月，「馬、蕭配」當選我國新任總統、副總統，並預定於五月廿日就職，是爲第二次政黨輪替。巧合的是，當年亞洲博鰲論壇訂於四月中旬舉行，離總統、副總統就職日尚有一個多月，蕭先生遂得以兩岸共同市場基金會董事長、副總統當選人的身分率團參加，這也是我繼二〇〇四年之後，再次從命隨行前往海南。

二〇〇八年亞洲博鰲論壇的三天活動中，重頭戲有兩項：其一，是與大陸最高領導人胡錦濤主席的會談，蕭先生對兩岸關係提出了「正視現實、開創未來、擱置爭議、追求雙贏」十六字箴言，也得到了胡錦濤主席善意的回應；其二，則是由蕭先生及大陸商務部陳德銘部長所共同主持的「臺灣經濟與兩岸經貿展望圓桌會」，會議中除了由我方介紹臺灣經濟發展的策略與目標外，雙方還就兩岸企業在資訊科技與運輸等領域的合作進行廣泛的交流，也對兩岸繼續推動三通多所著墨。這次的海南之行，延續了國民黨連戰主席二〇〇五年起展開的「破冰之旅」以及後續每年的訪問，也開創了馬、蕭時代兩岸關係良性互動的新契機。

這些年來得幸與蕭先生爲友，我知道他不管在任何職位上，總是爲臺灣奮力打拚，其卓越的遠見、專業的經貿能力、以及爲改善兩岸經濟合作關係所做的努力，令人佩服不已。儘管已於二〇一二年五月副總統任期屆滿後退休，我深信蕭先生將會是我們國人能夠一直仰賴的經貿戰士。

半世紀公僕，有為有守

——我所認識的蕭萬長副總統

許勝雄

民國八十九年，第一次政黨輪替之後，因SARS來襲，引發重大經濟危機，身爲國民黨副主席的蕭萬長先生，受總統府力邀擔任「總統經濟顧問小組」召集人，當時，我擔任國策顧問，有幸成爲小組成員，而有更多機會與蕭先生一同爲國家經濟發展貢獻心力。

民國九十七年，「經濟老兵」蕭先生本著「以臺灣爲主，對人民有利」的精神重披戰袍，在總統大選期間，積極協助規劃財經政見，果然不負眾望，高票當選，締造第二次政黨輪替。蕭副總統上任不久，旋即在總統府內領軍成立「財經諮詢小組委員會」，邀集產官學研各界代表，就重要財經議題，以及具前瞻性、長期性問題交換意見，作爲國家財經施政參考。

財經諮詢小組每兩星期開會一次，每次三小時，長時間與蕭副總統互動交流，我尤其佩服他身居要津，在財經領域擁有崇高地位，仍能以寬大胸懷，虛心傾聽民意，察納雅言。

記得財經諮詢小組成立之初，適逢金融危機席捲全球，它不只於海嘯般衝擊，嘎然即止，而更像瘟疫蔓延，不斷擴大；它也如泥淖，讓人身陷其中難以自拔，爲免情勢惡化，嚴重影響國家經濟與侵蝕社會基磐，蕭副總統即刻召開諮詢小組會議，研商對策。我們委員們幾經思考，提出建言，希望政府帶頭消費，刺激買氣，蕭副總統衡量此舉確可短期奏效，提振市場信心與活絡經濟活動的元氣，經與會成員共同議決，做成重點施政建議，得到行政院採納，進而發行「振興經濟消費券」，讓臺灣有機會在短時間內從谷底攀升。

「十號公報」於民國九十八年一月一日正式上路，立即引起企業界巨大的反彈聲浪，我以多年經營事業的經驗，深切體認公報一旦施行，就像在水井裡丟炸彈，將會導致企業界難以想像的危機，實不宜在景氣低迷之際貿然從事，我於是強烈建議該案暫緩實施，得到蕭副總統的重視與認同，感謝有關單位也因此更加審慎評估，顧全大局，有所調整補救，得使不良影響降至最低。

多年來，蕭副總統主導的財經諮詢小組作爲國家的重要智囊，如發放教育助學金、搶救失業、推動六大產業等，對於政策與施政方針釐定，莫不發揮重要影響力。儘管如此，蕭副總統不時提醒諮詢小組成員，任何議題討論，僅是「意見」，而非「結論」，施政係屬行政部門之事，不宜爭功。身爲人民公僕，他以僕人的領導方式，盡心盡力爲民服務、爲民奉獻。

如眾所周知，依我國憲法，副總統是虛位元首，既沒有實權，又要有所作爲，角色要能拿捏得宜並非易事。蕭副總統向來堅持「只做事，不做秀」的原則，不僅發揮功能，而且謹守分際，有爲有守，爲眾人有目共睹，有口皆碑；他行事低調，爲人謙卑，更是令我敬佩不已。

出身嘉義農家的蕭副總統，從民國五十一年起進入公職體系，一路從外交部基層科員、駐馬來西亞副領事、國貿局副局長和局長、經建會副主委、經濟部部長、經建會主委，到最高行政首長——行政院院長，被媒體稱爲「首位布衣卿相」。

蕭副總統具備豐富財經學養，於變化多端的國際變局中，始終能以大視野、大格局，洞察先機，進而掌握契機，是國家經濟發展的重要領導人。他曾經帶領臺灣走過亞洲金融風暴；歷經中美斷交的艱難時刻，挺身爲臺灣爭取「永久最惠國待遇」；當〈三〇一條款〉強勢叩關，農民因不滿權益受損向他丟擲雞蛋抗議，他體恤民情，不慍不火微笑以對，因而贏得「微笑老蕭」的美名……。他勤政愛民，政績之多，誠非筆墨所能形容。他竭盡心力，報效國家，爲全民利益，在國際財經戰場上展現長才，打贏一場又一場硬仗。

數十年來，蕭副總統爲國事焚膏繼晷，而於民國九十八年五月間，發現罹患肺腺癌，遭逢人生劇變，他仍能正面看待，開刀之後，經短時間休養，又兢兢業業繼續奔忙。一般人在生死攸關、身體違和之際，多半會以養身爲重，然而他卻以國家大事爲先，充分展現忠貞愛國情操。

蕭副總統於政治大學研究所求學期間，不僅考試名列前茅，還贏得校花芳心，願與他攜手一生。蕭夫人朱俶賢女士不僅是端莊賢淑的好妻子，更是競選拜票的好搭檔，也是投身公益的好夥伴。就我多年的體察，蕭副總統之所以能夠盡心肩負國家重任，實在是來自蕭夫人的全力支持，讓他沒有後顧之憂，在他生病期間，更是悉心照料，內外兼顧，是他穩固的精神支柱；同時，三位千金個個表現傑出，溫婉貼心，帶給他莫大的安慰與喜樂。他和夫人十分重視家庭價值與天倫之情，兩人鶼鰈情深，互相尊重，家庭幸福美滿。

我與蕭副總統平時利用公餘之暇打高爾夫球，雖是輕鬆休閒的時光，他打球卻如工作般一板一眼，非常嚴謹，可見他做事一絲不苟的認眞態度。他爲人平實、處世平淡；他的人生雖非處處順遂，但能凡事感恩，知福惜福；他誠心待人、忠心爲國、愛心對社會；他自視平凡，卻成就了非凡的人生。

蕭副總統爲民服務、爲國奉獻半世紀之久，更於副總統任內以畢生經驗協助總統，照亮臺灣經濟。他雖然長期從事政治，政治色彩卻一直很淡，於今瀟脫歸隱山林，毫不戀棧高位，進退有據，爲世代交替留下最佳典範。

附錄二　蕭萬長與我

吳豐山

之一　互動實錄

蕭副總統年長我六歲。他是國民黨人，我未參加政黨。他是政府領袖，我是民間報人。只由於有緣，所以相識，但君子之交淡如水。民國八十六年他出任行政院長，我已離開服務了二十七年的《自立晚報》。可能由於蕭先生認爲我在書寫上可以有些協助，也可能由於他瞭解我有一些見解，所以在準備組閣伊始，就要我幫忙。從八十六年五月二十五日開始，我留下一份備忘錄。後來我先後又出任第一、二屆公共電視董事長，政黨輪替後的跨黨派兩岸小組委員、民進黨蘇貞昌內閣的政務委員，馬蕭勝選後的監察委員，其中當然所涉事情不少，所以寫備忘錄的習慣便就持續不斷。蕭先生任行政院長兩年九個月，第一次政黨輪替後，無官一身輕的蕭先生與我彼此來往更多。民進黨執政期間，蕭先生並未退隱，他要處理的事情不少。因此之故，自民國八十六年迄今，備忘文字已累積數十萬字。

以下是我從備忘錄中選取一小部分「可以說」的事情，原汁呈現。括號內的文字是現在附加上去的，爲的是讓本來只供我個人存檔的記載，大家也能看懂。

選刊這些文字，是要讓大家知道蕭先生與我的互動，以呈現蕭先生忠誠謀國的眞實面貌。

八六年七月六日

蕭約下午五時在來來飯店桃山餐廳見面，談完修憲波折（蕭擔任國民黨修憲小組召集人）後，蕭談協力時。我表示樂意幫忙，但最好可以不拿薪水、不必上班、不受立委質詢，那麼我大概可以幫忙三件事：一、重要文稿，我可以事先幫忙看一下；二、新聞界的聯繫工作，可以私下幫忙做一點；三、各界菁英需要結衲，我也可以幫一點忙。蕭說那就很幫忙了，但要不支薪、不上班、不去立院，就只好作行政院顧問，我當即欣然接受。

後來，蕭談及精省事，蕭爲此苦惱。我建議，讓李總統瞭解，群臣和睦、精省順利，才是李做爲總統最大的榮耀。

八六年八月十八日　週一

星期天改寫施政報告，因爲蕭院長希望以「行動內閣」做爲號召，所以我以「民意第一、行動至上」爲基調，由五千字增實至七千兩百字。昨日溫妮颱風來襲，蕭來電急索一篇八月二十一日接受組閣之命的記者會用稿、八月廿二日要返嘉義故鄉開感恩餐會的講話稿。三稿今日送出，我建議他告訴嘉義鄉親：「希望將來歷史記載，嘉義出身的蕭萬長是一個勤政愛民的好院長」。新院長就任日已敲定九月一日。

八六年九月八日　週一

蕭院長昨日赴中部跑了四縣市，報界對蕭首次下鄉，反應很好，尤其對蕭訪問省府更見好評，可見人心厭鬥。

院長辦公室來電，囑下午五時至院見蕭，我寫了一份二張稿紙的書面建議，略謂聲望升高勢必帶來兩壓力：一是民心會同步升高期望，因此需速有新政；二是同儕關係會質變，因此必須格外耐煩周到。

六時至八時爲蕭院長明日首次赴立法院備詢做準備。晚餐吃了一個便當。

八六年九月十六日 週二 中秋

蕭院長做到了「勤政」，外界多表肯定。

下午蕭院長來電說，中油工安出事，四死二十八傷，徵詢處理意見，我覆：已道歉，很好；每人賠錢七百萬，也很好；但不夠，需有人負責。蕭說中油總經理潘文炎不得不下台，但潘實在是非常好的人才，蕭因此很難過。

八六年十月二十日 週一

下午五時赴院幫忙準備明日立院備詢事，只約二十分鐘便結束。蕭院長要我和（行政院顧問）劉必榮到院長室，章孝嚴副院長和張有惠秘書長五人一起。蕭一臉沉重，說股匯市風暴，危及內閣。我說事關幾百萬人荷包縮水，必須窮盡一切方法挽救，且央行亦有責任，不必鄉愿。蕭又提及柯（林媜）江（澤民）會，將使風暴雪上加霜，我建議不妨先在民心打底，章說外交部已有準備。

夜十一時蕭院長來電，說他做得很辛苦，也提及一些人事的能耐。我覆：輕鬆的差事不會輪到您，只能任勞任怨任謗，何妨苦心承擔。

八六年十月廿一日 週二

依約於夜九時赴蕭邸討論政局。我說人民望治心切，但迄無大政策，而且股市大跌，災變頻生，所以輿論已有怨言，爲今之計，宜做下列各事：

一、院內要有人做新聞界的單線善意聯繫。

二、可定期持續舉辦「院長早餐會」，擴大社會基礎。

三、要描繪國家新願景。

蕭覆：關於「院長早餐會」改爲午餐會，請我規畫；關於願景可以「新秩序」爲號召，他會交代詹火生擔任召集人展開規劃。

八六年十一月廿六日

昨下午近三時，院長室來電說院長急見，我說那時間點我開會，不能應命，最多可於院長四時十五分在松山軍機場上飛機去嘉義前，在機場一晤。

四時抵機場，蕭院長問我，嘉義市長改選，有人助講時把矛頭對向他，如何處理是好？我覆：不要針鋒相對才是上策。蕭堅邀同行，在機上，蕭接受了我的建議。五時抵嘉義機場改專車逕赴新營。洪玉欽和陳唐山競逐縣長，蕭陪洪掃街一小時。在台糖吃過晚餐，八時抵嘉義，蕭陪競選立委的黃敏惠和與張博雅競逐市長的江義雄掃街一小時。二處掃街，我另有立場，蕭因此諒解我靜坐車上吹口哨。返回臺北已近午夜。

八七年一月三十日 週五 大年初三

大年初一，院長回嘉義拜祖，事先約好隨後轉赴全國球場一起打球。（原任行政院副院長，不久後改任國民黨秘書長）章孝嚴與蕭院長同來，打到一半，章問我：國民黨臺北市長候選人難產，如何是好？我覆：需待我想想。又打二洞後我說：難產是因為陳水扁市長支持度高，果真如此的話，其實就不提人，改為支持陳水扁連任也不失為一種好辦法。我說五十年前，您們貴黨都可以支持無黨的吳三連，現在為什麼不能支持陳水扁？我說，我未參加政黨，但因為信仰民主政治，所以對政黨輪替有期待，可是我知道民進黨還未準備好，偏偏國政又不能實驗。我之所以認為您們可以支持陳水扁，理由很簡單：如果硬要提名，結果選輸了有何面子？如果選贏了便就逼使陳水扁去選總統。陳有一年的時間準備，依現在民情，當選並非不可能。我的立場和您們不同，當選就當選，只是耽心在國防、外交、兩岸、經濟等政務上，民進黨還沒準備好。這是我的內心話。

章聽我說完之後，沒有反應。

（兩年後連蕭配敗給陳呂配，陳總統後來請蕭先生當經濟顧問。二〇〇八年蕭先生復出當選副總統。陳有牢獄之災。十三年來物換星移，回首看看，不勝唏噓。）

八七年二月九日 週一

三天前我向蕭院長報告，公共電視一些董事，以董事中無人有媒體實務經驗爲由，建議我選董事長，惟據傳已有內定，可否幫我瞭解一下。

今日蕭院長告訴我，並無內定事情，同時鼓勵我競選，但明言不干涉。我覆：公視法明文公視董事長由董事互選，獨立經營，行政院不干涉才對，讓我自己競選才好。並希望他也讓閣員知道，將來也不可把手伸進公視來。

八七年三月二十日

夜六時餘，院長來電問，今夜可否見面？九時半至官邸，院長滿臉愁容，且有疲態。

我說聯勤（金錢醜聞）事已宣布辦到底，這很好，現在只要利用下週二立委質詢時譴責貪污可惡。我建議可用「國家的害蟲，社會的垃圾」等字眼。

（三月十六日華航班機失事，死了二〇三人，央行總裁許遠東也摔死）空難事，我說不妨承認航空政策錯誤（多家分食有限市場，在成本效益算盤上很難做好飛安管理）。至於上台後災難不斷，可請學人依專業幫忙說話。事實上災難是全球現象。

交通部長下台事，蕭院長與李總統看法不同，院長因此頓生去思。我說萬萬不可，這會使焦點模糊，也會使大局失控。

不知何故，《聯合晚報》刊載蕭說「我也做不下去」，院長對此甚爲苦惱，院長說，不知何以這話流出？我建議，可對近臣明言約束。

八七年四月三日　週五

夜十時，院長來電問可否一見。抵官邸已十時二十分，院長說交通部長事傷了他和李總統和氣，也傷了他的領導聲望，可否不做算了。顯然，兩週前的神傷尚未復原。

我覆：此時不做即是失敗下台，因此萬萬不可。我還說依政治良性操作，此時如有大政策宣布（我提醒他，幾個月前想做的事要落實），或有成功的國外訪問，即可扭轉劣勢。

夜十二時離開官邸，心生無限感慨。蕭算是當前難得好官，不幫他幫誰？（院長稍後有馬來西亞與菲律賓之行，甚為成功）

八七年五月十三日　週三

下午五時半見院長，我給他一份書面，大致是說，二戰後臺灣大政依序為土地改革、工業發展，以上功記兩蔣。其後老民代下台、政治民主化、兩岸交流，以上功記李總統。再下來的大政應是治安重整、政府再造、國土規劃、文化建設、國家地位。建議院長快馬加鞭，妥擬計畫，並擴大改革議論的分貝。院長甚以為然。

八七年六月廿三日　週二

夜八時半，院長來電約見，我把對最近一些事的看法說了一遍，然後蕭說以下數事：

一、李總統先前對他一些人事有誤解，後來已經瞭解。並說蕭太客氣，其實對嘉義可多一些照顧。有些人不合用，也儘可讓他們下台。

二、精省事最難處理，但會依法盡心盡力，完成憲政使命。

三、未來半年他的首要之務是加強內需以穩定經濟發展。

我還建議蕭，結黨營私不好，所以我們不要做，但人和政通，得道多助，不妨加強與各界聯繫。蕭表同感。

八七年七月一日　週三

今日下午二時公視開播，李總統前來共同按鈕，前來觀禮的嘉賓還有連戰夫人、蕭院長、劉（松藩）院長、李（遠哲）院長。宋楚瑜在典禮後來賀。

六天前蕭院長一行先來訪視，他說，他的訪視和參加開播典禮，是希望讓閣員瞭解，他重視公視。

八七年八月二日　週日

蕭院長週四入院做攝護腺肥大切除手術。（院長辦公室主任）胡富雄來電說，院長希望我去看他。十時到醫院，辜振甫來探視，我稍候到十一時才見。蕭手術順利，氣色恢復。

八七年九月十七日 週四

中午張有惠秘書長來電說，想與我談話。三時餘來晤，談了兩個小時。張因許多事，最近以來甚爲倦勤，我爲此事也與院長多所接觸。

夜六時半，尊賢宗叔借舍下設宴招待陳水扁市長，至十時結束。

八七年十二月五日 週六

立委及院轄市市長改選今日投開票。院長約在國華球場打球。打完球已五時，院長逕轉機場送連戰出訪，我送蕭夫人回家。打球時，院長談李總統將進行司法改革的事。

半夜看開票結果，國民黨立委過半。臺北市長由馬英九勝出，陳水扁未能連任。高雄市長由謝長廷勝出，吳敦義落敗。

很多朋友競選連任立委，卻告落選，我看臺灣選民在投票行爲上很「喜新厭舊」。

八七年十二月九日 週三

上午十時半自松山軍機場搭院長行政專機，同行的還有（內政部長）黃主文、（交通部長）林豐正、（法務部長）城仲模、（新聞局長）程建人、二十餘記者、十餘隨扈。抵臺東後轉台糖午餐，餐後即改搭直升機隊，十分鐘抵綠島。院長要在綠島人權紀念碑落成儀式上致詞，所以在機上看「讓我們一起沉澱舊悲情、迎向新時代」講稿，一直對我說，他對此稿甚爲欣賞。演講時現場數百人，包括柏楊、施明德在內的許多受難者。卻大雨傾盆，很多人淋了一身。

返航臺東後，城仲模去視察監獄，其餘原機返回臺北。

綠島是一個政治災難印記，大家應同心撫平。（民國九十五年我在政務委員任上負責去整修已遭腐蝕的紀念碑石板。）

八八年一月一日 週五

夜七時，院長邀數友人在小西華吃飯。至十一時才結束。

因昨天院長宣布一千五百億挽救房市方案，報界批評有失社會正義，大家對此談論甚多。院長說，源於空屋太多，三十四家上市公司有十五家被銀行抽掉銀根，另十九家也岌岌可危。蕭的方案是提供百分之五點九五低息房貸，所得稅房貸扣除額由十萬調高為二十萬，並把契稅調降。院長說經濟情勢危急，不得不出猛藥。大家也對基本面問題談論甚多。院長明言是為所當為，做不做院長無所謂。（幾週後房市逐漸復甦。房地產業是火車頭產業之一，國家經濟又逃過一劫。民進黨執政後延續此一政策。）

八八年二月十七日 週三 大年初二

院長邀一同南下。晨八時十五分專機飛嘉義，院長去拜祖，我逕赴東洋球場。中午院長一家人連同隨扈來球場席開三桌。午餐後院長去拜訪地方人士，我與院長友人林寬成打了十八洞。夜七時，院長夫人和好友在中油公誠新村辦（一人帶一盤菜）POT LUCK餐會。

十時返球場會館，院長告訴我，由於股市低迷，王又曾等也遭套牢，要求停徵證交稅，蕭以專業及過往經驗拒之，但李總統認爲如果短程不好，哪有長程可言？意見相反，因此蕭興不如歸去，要我思考此事後，給他意見。

八八年二月十八日 週四 大年初三

晨七時到院長房間，告訴他，經反覆思考，得上中下三策。下策是接受大老意見，違背良知，還等待事敗後受辱；中策是請辭求去，雖然樂得無官一身輕，但也就此貢獻無門；上策是勇敢堅持正確理念，即使失敗也算光榮戰死。

我引了古訓「是非審之於己，毀譽任由他人，功過留給歷史」，說身爲首相，理當如此。

八時半開球。三時半起飛返北。依原計劃再至官邸細談。院長說更深一層的事，情勢只驚濤駭浪差可比擬。近晚，蕭堅留一起吃晚飯。我建議沉穩以對，蕭則說，服務國家已三十六年，下台一鞠躬可也。

八八年二月二十日 週六

昨日央行宣布調降存款準備率，由七點六五降爲六點四一，又釋出一千六百六十八億。財政部宣布五大措施，包括調降銀行營業稅、取消公司債及金融債券四分之一的交易稅、提高外國人投資股票比例由百分之十五改爲百分之三十、核定銀行工會所提報的「銀行業配合政府振興股市措施處理股票質借暫行補充原則」以減緩斷頭賣壓。

晨九時，股市開紅盤，大漲二百七十四點。匯市開市，臺幣下跌七點五角，我致電院長，恭喜他愛拼才會贏。接電話時，他剛從臺南北返下機，正在繼續趕往臺北縣的行程中。他說辭職書還是要準備，我說顯然用不上，就不要準備了。

八八年二月廿二日　週一

（原以為股市大漲而且漲勢很強，危機已除，未料總統府內「夾層」人士連日來不斷言語羞辱蕭萬長，社會上一頭霧水，不知道這是那門子政治。昨夜九時餘，蕭院長來電說情勢惡劣，囑我再深思〔反對他請辭事〕）。

一早求見院長，依約下午三時一刻到院。我口袋裡裝了三份文字，一是請辭聲明，二是接受慰留聲明，三是應注意事項。我先請院長過目，然後說，我以前反對他請辭，現在認為非有請辭動作不足於制止歪風。請辭要訴諸社會，所以要發表聲明。請辭，李總統必不會核准，因為院長人才難覓，人才又能忠誠謀國者更少，所以也許說您兩句，但必然慰留。接受慰留理由也要讓社會知道，所以要發表接受慰留聲明。

院長聽過分析後甚表同感，也一時悲從中來，說等一下即去總統府。我建議請辭時多說一句「各方批評我事小，等於批評總統則事大」。

八八年二月廿三日　週二

（院長辦公室主任）胡富雄來電說院長請我赴政院一趟，十時抵達。院長告訴我，昨下午五時半去見李總統，至六時十分辭出，大略是說，政局動盪，衷心不安，受總統栽培，所以賣力負責以回報，如今怕傷及總統英明，所以請另覓賢明。蕭說總統動氣，斥責不該有辭職之想，說您過去這段時間做得很好，應該繼續賣力云云。蕭說，因昨傍晚打電話找不到我，所以面告。

（我寫的兩份聲明，蕭皆未用，這是蕭的好修養。自從此日起，未再聞總統身邊人士口出惡言）

（關於這段情事，民國九十年印刻出版公司刊行、由鄒景雯整理的《李登輝執政告白實錄》一書中，第一二七頁有幾段文字相關，筆者特別抄錄於左，以供讀友比對參考。）

二十二日，邱正雄與立法院達成證交稅以公式彈性調整的共識，但是行政院卻反而傳出立法院施壓的看法。當天傍晚，蕭萬長到官邸求見李登輝，他以口頭的方式表達辭意，認為這段期間行政院已經對經濟情勢有所激勵，但是各界仍有諸多批評，以致閣揆的credit（威信）盡失，無法達成總統交付的任務，再做下去有困難。

蕭萬長當時並沒有呈上書面辭呈。這個請辭的動作是好友吳豐山的建議，他目睹蕭萬長從精省過程、農地政策，到多個財經措施，幾乎都受到總統府責難，處境太艱難，不應該再等著挨打。主動請辭可以試探李登輝到底要不要用蕭萬長，如果要繼續用，就應該保留他的尊嚴。在宋楚瑜已經決裂、當年九月將總統提名的此刻，這樣的翻牌動作有其張力。

李登輝當然了解箇中的用意，當即就對蕭萬長表示，現在是解決問題的時候，最重要的是要把問題給處理好，好好做事才對，也以口頭方式加以慰勉一番。

不過李登輝並未因此忌憚對蕭內閣加以質疑。他拿出數據表示，「從九六年底到九八年底，上市公司的資本額增加到二兆七千三百十六億元，但證交稅在這兩年內共抽走了上市公司盈餘七千五百十一億元的百分之五十二，因此證交稅率有必要採取彈性，以免造成股市資金的大量失血。」

李登輝強調，他這麼說並不是要立刻調降證交稅，而是主張應該有一套機動的做法，隨時看景氣調節。他也提醒蕭萬長，處理當前經濟問題，應該要心平氣和的對症下藥，從健全金融體系與強化資本市場著手；許多財經會議，對於呆帳的問題總是束手無策，事實上，辦法並不是沒有，不能只喊口號，無意義的會議要減少召開。

他告訴蕭萬長，一個政務官，不要怕風大雨大，應該像泰山一樣站起來，政府的政策也應該像泰山一般的穩定，只要有好的辦法，再大的風浪都不足畏懼。這次風波過後，蕭萬長終於執行了自行政院主動提出證交稅條例修正案的政策，但是經過這段周折過程下來，他與李登輝兩人都受了傷。

八八年四月廿五日　週日

昨日院長赴澎湖，過苗栗，轉嘉義。夜晚從嘉義來電約今夜見面。

夜七時抵官邸，院長從嘉義買回幾份雞肉飯。飯後就縣市分配款爭執始末說了一遍，然後談及外面七月閣揆換人的傳言。院長說整個財經情勢發展，證明他的房市政策、不調降證交稅政策，都是正確的，四月底不到，稅收已超收三百億，換手傳言對他很不公允。我勸他平常心對待，時間逼近再作道理。

八八年五月十五日 週六

院長約下午二時在國華球場打球。飯後蕭說五二〇恰逢行政院院會，他想發表一些談話，原有稿子希望我幫忙潤飾，並口述六重點。

六重點是：一、重劃行政區域以擴大政府改造，二、以國民年金為主軸建立完整的社會安全體系，三、建立社會替代役新制，四、臺灣不容有現代化死角，五、以金融改革作為經濟升級的堅實基礎，六、全力爭取加入世界貿易組織。

院長原來說的六點有農地自由買賣，我把它併入第六點。第四項係我擅自加入。

（農地問題與WTO規範有關。蕭院長的農地政策後來被立法院做了扭曲修改，因此理想變質，這是民粹政治的另一種悲哀。）

八八年六月廿二日 週二

昨夜院長來電約今晚一起吃飯。七時十分抵官邸，飯後，蕭開門見山，說找我是因為李總統要他「連蕭配」參與二千年大選。連戰方面也表歡迎，問我看法如何？

我覆：做首相之後，其實只剩四條路可走：一是選總統、副總統，二是做資政，三是到大學教書，四是告老還鄉，煮酒看花；命運如此安排，那就選吧。並建議他全力投入。

蕭說，宋身邊某重臣給他看過宋的民調，蕭明白告訴我，他實在並無意願，也雅不欲捲入權位之爭，可是李總統意思如此，他很難違逆。總之，蕭院長的最後結論是同意搭配，認眞投入。

（七月十八日宋楚瑜宣布參選。七月廿三日連戰面邀蕭院長搭配。七月卅一日連戰在臺南宣佈參選。陳水扁其實在市長落選夜就等於宣佈參選）

八八年八月十六日 週一

五時許，先是胡富雄來電，說院長請我幫忙預擬八月廿五日中常會提名後談話稿，稍後（院長室）呂小姐又來電，說院長問我晚上可否一起吃飯。

七時十五分抵達晶華飯店江戶日本料理。院長說馬其頓之行甚爲成功，三億美金援助款對方吞不下，但卻發生大作用，不但科索沃派副總理來會，連當年提案中共進入聯合國的阿爾巴尼亞，也由總理派議長來見，一對當年聯合國舊帳道歉，二對我國支持阿人佔百分之九十的科索沃表示感謝，三是希望臺灣去設代表處。

院長說返國途中過境杜拜時，在五十度高溫下喝掉四大瓶礦泉水，打完十八洞，對健康做了一次自我大考驗。

高鐵事，迂迴曲折，變化連連，院長說政府有將BOT改爲OT的備案。

我對大選基本態勢提出不利的分析，院長認同我的分析。

八八年九月十五日　週三

上週連戰幕僚來電，說連戰想與我一談。

下午四時半依約至總統府，連跟我說了一些選情的事。

我建議連戰，假如黨產一時不易處理，何妨撥出百億成立一個社會福利基金會，每年另撥入黨產獲利的百分之十，那麼大概每年就有至少二十億可用於全國婦女、老人、孤兒的捐助，讓大家雨露均霑，以稍解社會反感。連未置可否。

八八年十二月十一日　週六

農委會主委彭作奎因不滿國民黨妥協農地可建農舍，憤而辭職，輿論一片好評。林享能因急欲扶正，被罵得滿臉豆花。有些批評指向蕭萬長，說處理不當。王作榮在《聯合報》寫一文唱和彭論，文末說，古時候大臣下台，皇上贈勳、給虛銜、送程儀，朝廷還會通令，大臣返鄉途中地方官必須接待。王以此暗諷行政院人情不練達。王或過甚其詞，但人情練達重要，倒是正論。

八八年十二月廿五日　週六

院長約晚上九時到他家，跟我說了一些大選的事，最後問一問題「黨營事業不自己經營，改爲信託如何？」

我跟院長重複稍前連戰約見的時候，我曾建議如果一時無法斷然全盤處理，可以成立的一個百億社福基金，應可稍解批評壓力。不過院長說，依當前對立情況，恐怕不濟。國民黨的黨產，人民討厭，我不例外。建議先部分釋出，也是絞盡腦汁才想出來的。如果這也不可行，國民黨活該不斷挨打。

八九年一月二日　週日

上午連蕭成立全國競選總部，連戰宣布中止自營黨產事業，改爲信託。政院團隊託東森拍形象短片，東森租公視攝影棚，所以全體閣員下午齊集公視。蕭院長問，外界對信託案的反應如何？我說：支持國民黨的可能說好，反對陣營會說「換湯不換藥」。我還說，重點是投票日前，要果眞信託才有正面效果。

八九年三月十八日　週六

大選投開票日。

下午至長庚打球，問桿弟都支持誰？桿弟說大多投宋，因爲宋來長庚打球都很親和。五時打完，看電視，連蕭大勢已去。抵家，扁已贏定，得票近百分之四十，五百萬票，宋比扁少三十萬票。臺灣宣告首次政黨輪替。

八九年三月廿二日　週三

股票週一大跌後回穩，今日大漲。

下午三時至新聞局開會，會後去看蕭院長。我告訴他，昨日記者會表現，可圈可點。

反李登輝群眾聚集黨部前，已連續五天，青壯派也逼退，報上說李已決定週五引退。

八九年四月一日　週六

昨夜院長來電約今下午在國華打球。夫人一起。我看兩人已脫離敗選陰霾，我感寬慰。

陳水扁已宣布將請唐飛組閣。蕭院長做到五月十九日與他交接。

（政黨輪替底定後，蕭院長認為此乃民主政治之必然，於是，看守期間，凍結人事，停止重大政策之啓動，預備金不再動支，並巡察各主要部會，交待妥辦交接，俾讓勝選政黨順利接手。李總統也贊成蕭的作為。）

八九年六月一日　週四

竟日在立院教育文化委員會備詢，蕭院長辦公室找人，電話接通後，蕭說他剛自日本旅遊返臺下機，約晚上吃飯，我說必須幫友人小孩證婚後才能到。七時半到上林鐵板燒，蕭說與太太在日本旅遊了一週，甚為愉快。也說日本經濟景況很慘。

蕭碰到是否接受陳水扁總統的資政聘任問題，問我意見。我意見與蕭相左，我認為應該接受。蕭認爲沒有這個職銜，將來在國外幫臺灣講話，反較方便。蕭做結論，如婉拒不成，接無給職資政銜。

八九年六月五日　週一

因見昨日報載，（已接任國民黨主席的）連戰找蕭萬長、吳伯雄當副主席，我乃於中午電蕭院長，說如接資政、不允任副主席，社會可能質疑，因此必須仔細思考。蕭說上午已見了李登輝，李已瞭解蕭不接資政的用心。至於副主席一職，蕭希望不接。

下午在宗親會主持理董監事聯席會議，蕭院長來電說已與陳水扁見面，結論是未接資政。但陳水扁表示將保留，不補人。蕭問如何面對記者追問？我建議就說「可以深刻感受陳總統好意，但現在想法確實如此較好」，如記者問副主席事，亦同一模式。

八九年六月廿七日　週二

蕭院長找，與他在新設（敦化南路中技社）辦公室談話後，一起到隔壁遠東飯店燦鳥吃午飯，飯後又返辦公室續談。蕭說：他未接受資政後，中技社即被查帳，（中技社董事長）劉維德去見了一些人，都說上頭交辦，說中技社爲什麼要給蕭辦公室？

蕭又說：（蕭閣青輔會主委）李紀珠去中國大陸，帶回中共邀訪的善意，蕭想去，問我意見。我對第一事甚感驚訝與失望。對第二事，建議要去的話就要公開來回。蕭說以考察臺商爲主，我認爲高見。

蕭對設立基金會，甚爲積極，囑幫忙思考相關各事。

（中技社查帳事，後來蕭直接向陳水扁抗議，遂中止。）

九十年一月十三日　週六

李遠哲院長在國軍英雄館宴跨黨派兩岸小組吃尾牙。（民進黨中央中國事務部主任）顏建發告訴我，他十九日將有廈門之行，可能面晤汪道涵助手。我告訴他，民進黨執政後，兩岸必須妥善處理，依本人淺見，應先借重國民黨人爲特使，像蕭前院長便是好人選。

（關於特使事，是因爲我過去幾週與蕭院長先後在長庚和美麗華打球時，二度長談國家形勢，蕭表示政黨雖然輪替，如爲臺灣人民，他仍願犧牲奉獻，尤其是兩岸和平發展。所以我才與顏有此對話。事後我告訴李遠哲。再稍後，李於一月十六日見陳總統，提請蕭任特使事，陳認可。一月二十二日顏建發返臺，來電告知已傳話。）

九十年一月三十日　週二

下午三時依約與李遠哲院長見陳總統，談核四事。關於特使案，陳改變態度，說蕭不易安排。（本實錄以下不再碰觸此事）

九十年三月廿六日　週一

下午二時半，蕭院長在圓山飯店舉辦「財團法人兩岸共同市場基金會」成立儀式，一時冠蓋雲集，陳總統、李遠哲院長都到會致詞。

九十年四月七日　週六

下午三時與蕭院長會面，蕭談兩岸事之後，很認真地告訴我，一個叫「臺灣工業區廠商聯誼會」的單位，找他當會長，說李登輝已允任名譽會長，要選出三十名新立委，與民進黨組立院新聯盟云云。我明白告訴蕭院長，這是要組新黨，天底下您最不擅長的事就是政治鬥爭。蕭說他們五時來晤，問我可否一起與他們談談？五時正，來人七、八位，對蕭情辭懇切。我說，大家關心國家，我很敬佩，以我對蕭先生的瞭解，他不適合做這種事；且以我對選舉的瞭解，現在的勞資關係與早年不同，有多少員工可選多少立委的估量也應採保守計算，不過還是對大家的熱血很感佩云云。最後蕭結論：如有經濟事情，願意幫忙，如果是政治或政黨，幫不上什麼忙。

（後來這些人士找黃主文帶頭，組成臺灣團結聯盟）

九十年五月廿一日　週一

昨上午蕭院長來電說，馬永成通知，今夜陳總統找他。馬先透露，陳想請蕭擔任「總統府經濟發展諮詢委員會」的執行長，蕭問我看法。

我說我一向認為經濟發展和涉外事務應各黨合作。今天雖然政黨輪替，但經濟發展不會輪替，臺灣人民也沒有輪替，蕭院長是國家培植的經建專才，國家有需要，不應藉政治理由推辭。不過「執行長」不好，召集人和副召集人之類的名義才合宜。

夜十時，蕭院長來電說已允任副召集人。我提醒，如有雜音，一概以「我半生奉獻臺灣經濟建設，且認爲經濟和涉外事務應政黨攜手合作，目前經濟情勢不好，所以只能不計毀譽」云云，蕭同意我見。

九十年七月廿六日　週四

蕭院長應澳洲臺商會邀請演講。廿一日先到雪梨，我早一日由臺北飛澳。廿二日我在住家後院辦餐會，邀僑界人士百餘人參加。會上我說中華民國高官，我尊敬的較少，不尊敬的較多，蕭院長不貪污、不驕狂、能做事、又做出大成績，所以我才敬佩。與會同胞給他熱烈掌聲，並爭相與他們夫婦合照。

九十年十一月廿七日　週二

蕭院長約中午在亞都飯店午餐，他剛從南部助選搭機返北，顯然有事相商。

他說了幾事：

一、一份機密文件顯示民進黨在立委選舉上將贏國民黨十席成爲（立院）第一大黨。

二、李登輝將成立群策會，透過某人士來邀他參與，蕭已婉拒參加，但同意在成立儀式上致詞。

我覆：以他個性，不適合政治爭奪，對臺聯、對群策會、對陳水扁，目前這樣處理都是對的。年過六十應可減緩腳步，最好是能夠多多慰勞自己半生辛苦。

九二年四月廿九日　週二

緊跟著連宋配成型，連日來報上刊登「扁蕭配」的猜測，昨午蕭院長約我午餐，我明白反對，蕭亦說根本亂講一通。

九二年五月十六日　週五

蕭院長說要來內湖舍下，我說我去看他。下午一時抵蕭邸。

蕭院長說，下週三國民黨中常會上，他必須報告SARS後之經濟，希望我幫他寫最後一段。週日中華經濟院的兩岸電子報開放，他需與記者碰面，希望我幫他整理。下週五他必須在總統府報告SARS與經濟發展，問我有何見解。

前兩事，允照辦。經濟事我說無素養，不過對維新改革有點心得，陳總統上台第一個月見我時，我曾提「新十大建設」，扁稱善，卻未見下文，其中第一項是「以國內外民營大廠商爲單位辦臺灣萬國高科技博覽會」。

（蕭必須兩頭應對，經濟雖然必須共同面對，但就選票而言，於扁有利，便是對連宋不利，我甚擔心蕭左支右絀，尤擔心有功歸扁，有過諉蕭。果不其然，其後蕭在國民黨中常會上難堪。到了九十三年，扁竟口出惡言，說「請鬼拿藥單」）

九二年十二月十三日　週六

很久未記這個備忘錄，是因爲感慨國事日非，今天記下這一段，也是因爲感慨國事日非。

幾個禮拜前，國親兩黨因爲發覺陳水扁倡議公投，頗有選票，於是急轉彎，運用國會多數，通過了國親版公投法。輿論稱民進黨「輸到脫褲」，陳水扁靈機一動，說要引第十七條於三二〇同步進行「防禦性公投」，這個動作引起了中美雙方強烈反應，頗有山雨欲來之勢。

防禦性公投的條文明言「當國家遭受外力威脅時」才由總統動用，陳水扁的思維明顯是選票考量，這是令人難過之處。美國布希正爲伊拉克泥淖不得抽身而苦，阿扁顯然再一次搞惱了他。

十二月初，在海南島博鰲，蕭院長告訴從北京去跟他會晤的王在希，「要尊重臺灣」，想來也都是無用的努力。

更早一個月，一種叫「非常報導」的光碟，騷擾社會，民眾各是其是、各非其非。現在是民主時代，人人言論自由，但有人惡用言論自由。選舉墮落到了這步田地，也是令人嘆爲觀止。

九三年一月十六日 週五

中午，蕭院長邀吃午飯，說陳總統邀他廿七日在非凡頻道對談經濟，蕭因認不妥，又因需出國，予以婉拒，但允陳一人獨自上電視後，顧問四人分四集續談，問我這樣如何？我覆：院長如此處理最恰當。

我告訴蕭院長，事實上過去幾天，公視也爲陳要上公視的事傷腦筋，公視立場不可走偏，所以明告府方，如果扁上公視，公視會主動邀連戰同一條件處理。直到昨天在總統府宴會上遇到（副秘書長）黃志芳，黃說「不爲難公視」，事情才告一段落。

蕭又說，十八日在嘉義縣市，國民黨有兩場造勢會，他把要說的話說了一遍，問我當否？兩週前應蕭之託，已給蕭大綱，不同的是蕭認爲必須對連的心胸有所肯定，最後還說「希望連戰將來當選後對嘉義建設……」。

我覆：聽來並無不妥，但建議他交代手下錄音，以備將來必須查對時之用。

九三年三月廿九日　週一

（三月十九日選前一天，陳呂在臺南市掃街時發生槍擊案。三月廿日投開票，陳呂以多贏了二萬九千五百十票當選。三月廿日深夜擁連宋群眾大批往府前靜坐。三月廿二日晚上蕭院長來內湖舍下談天。同日李遠哲院長來晤，說陳總統已接受他建議，在群眾撤退的情況下與連宋會面。三月廿四日上午十時應召入府，我建議陳總統，對靜坐民眾要視爲「二千三百萬同胞之一部分」平和處理。三月廿五日李遠哲來電說，隔天他要入府磋商「兩岸和平小組」事，李問，如請蕭院長共同召集如何？我稱允當。）

晚上請蕭院長、李院長在舍下晚餐。大家談選舉。然後李與蕭談和平發展小組事，蕭不認爲此種做法有效。蕭又說也不需要二召集人，此時李說那麼由蕭召集如何？這當然是客氣話。蕭也說大陸對扁已完全不信任，兩岸事恐怕很難。

（二〇〇〇年李遠哲雖然支持陳呂配，但蕭李兩人本有很好交誼，而且都是君子。蕭在李剛返國服務，要成立傑出人才基金會時，曾大力助李募款。）

九三年四月二十日　週二

蕭院長訪美昨夜返臺，來電說，在美國聽了很多對臺灣不利的話。他週日又要去博鰲，約夜七時十分一起在世貿頂樓吃飯。

蕭說三事：

一、在美國參加智庫會議，也拜訪了一些在政府服務的友人，對方普遍認爲陳水扁是 trouble maker。

二、同他要去博鰲的詹啓賢等二、三人，中共不給簽證，兩岸情勢弔詭。

三、明天中常會，連戰要組四個小組，分選舉糾紛、立委選舉、黨務改革、黨的新路線論述。連要他負責最後一項，他已允「暫兼」。問我意見。

我說：問題是副主席一職要不要繼續做下去。暫兼當然並無不可。

蕭說：因對兩黨政治很看重，所以此時反而很同情國民黨。

我說：至於論述超不出本土認同、經濟發展與兩岸關係三個範圍。蕭說他要好好參與。

蕭還說，對陳水扁選後已一個月，竟未派人赴美，很感不解。我在談論兩岸時也把已給陳總統的文字跟蕭院長說了一遍。

（陳當選連任後，希望組兩岸和平發展委員會、要訂兩岸和平發展綱領。陳總統邀我參與，過去一個月，事情不少。事情內容，此處不說。兩岸和平發展委員會曾在五月六日上午十時在總統府開過一次會議，稱為「兩岸小組茶會」，陳水扁主持。其後至陳水扁兩任總統任滿止，未曾再有動靜。）

九三年八月廿八日　週六

夜八時半，蕭院長來家小坐，說明日要去山東參加臺商集會，不去北京。

蕭又談了他處理國民黨新論述即將在分區座談後定稿，他將採三主軸。

蕭又說，陳水扁對他辭總統府經濟顧問小組召集人及為國民黨站台頗有微詞，說「自古只有頭家辭薪伙，哪有薪伙辭頭家」云云。

九三年九月五日　週日

蕭院長約下午在國華打球，把去山東的情形跟我說了一遍。李炳才等自北京來山東與他見面，李告訴蕭，中共對陳水扁完全不信任，兩岸和解之門不會打開。

在好記餐廳吃過晚飯，蕭交給我國民黨新論述全稿，要我幫他看過並作最後修飾，我允明日即交稿。

九三年十二月十四日　週二

蕭院長本來說昨夜來家聊天，改今日在國華一起打球。打球後吃飯時，蕭說打算明日開中常會前後向連戰請辭。（蕭欲請辭副主席事已有多時，與我討論已有多次）。我說，我爲此苦思多日，認爲此時提出非但無結論，還會成爲爭議對象，不如看二月一日（立委改選）以後局面，或國民黨改選前夕情況再議。蕭表認同。

九三年十二月廿三日　週四

週一，總統府公布第四屆監委提名名單，傳播界連日來對我被提名，鼓勵甚多。蕭院長來電表示將幫忙爭取同意票。（雖然立法院運作之法律規定，立法院對總統提名人選之同意權行使「不經討論逕交院會」但因兩黨惡鬥，迄陳水扁任滿，立法院不行使同意權，監察院空轉達三年半之久。）

九五年一月廿二日　週日

蘇貞昌組閣。今日各報明顯刊登我將任蘇閣政務委員。蕭院長來電鼓勵。

九五年五月二日　週二

昨夜九時半，蕭院長來舍下小坐，說他去博鰲論壇後轉華東考察。在博鰲時曾與曾慶紅、陳雲林談及兩岸突破之道，認爲應讓蘇院長知道，我允今早轉陳。

（五月十六日下午蕭蘇兩人在西華飯店會晤。蕭就兩岸、未來經濟發展及臺美FTA事向蘇

做了一些說明和建議。蘇要我在場作陪。院長室主任吳祥榮做了筆記）

九五年五月十七日　週三

（行政院要辦「全國經濟發展會議」，由蘇院長與王金平院長爲共同召集人。稍早，我先向蕭建議，蘇王兩人與經建政務素無深切關係，如蕭院長能予協助，對國家只有好處，蕭表示無難。再後，我向蘇建議，如增蕭爲三個人共同召集，有很多好處）

中午，蘇院長來電說，他對蕭院長任共同召集人的建議，甚爲認同，不知我先與蕭談過否？我說曾鼓勵協助。蘇繼說，那麼等他與王金平院長照會過後，即電請蕭幫忙。

下午二時許，蕭院長來電說，他已答應蘇了。我感欣慰。

九五年七月七日　週五

上午十時，蘇揆邀同往中華經濟研究院聽取蕭萬長董事長演講「二〇一五年經濟發展研究案」，此係蕭召集五大智庫的共同研究結論，也是將在本月廿七、廿八兩日召開的行政院經濟永續發展會議的中心議題，大要是朝「加值服務中心」發展的願景規劃。

蕭先生報告中有一節令我印象深刻，即芬蘭、荷蘭、愛爾蘭在面對國際孤立時，一念之間脫解單一宿敵，向世界開放。

九五年七月十二日 週三

蕭院長邀吃午飯，提及臺北地檢處下週一傳他以證人身分出庭說明拉法葉案。蕭說民國八十年他應法國工業部長之邀訪法。因法方提出臺法貿易逆差，蕭乃覆說：我們要買的幻象機、航艦、你們不賣，逆差怪誰？不久後法方即宣布同意出售航艦。政黨輪替後，康寧祥監察委員曾訪蕭瞭解實情。事實上，軍購本來與經濟部長無關。

九五年七月十七日 週一

昨夜九時半，蕭院長來舍下，對今日要出庭作證拉案事整理說詞，我看後認爲並無不妥，即協助擬一小稿，讓他庭訊後給媒體界參考。

九五年七月廿六日 週三

近午，蕭院長來電說某報社論抨擊他主張兩岸開放，且語多侮辱，問如果明日經濟永續會議開幕時，記者圍問如何回應？我說似可簡答兩句：一、臺灣是世界貿易島，這是歷史的啓示，不可自我封閉；二、我蕭某人參與臺灣經貿發展四十年，只知經貿與人民福祉，不問意識形態。

九五年八月十日 週四

（打從五月份開始，扁婿趙建銘疑涉內線交易、官邸女傭涉領國安補貼、扁親家涉收取變相獻金、國務機要費等一連串新聞，鬧得沸沸揚揚，各方要陳總統下台之聲四起，反扁挺扁打成一團，政局動盪不安，各方勢力各有盤算，立法院有罷免案、彈劾案和倒閣案，行政院也成風暴中心……）。

施明德發起百萬人一人百元行動，揚言，扁不下台，絕不終止。

蕭院長關心我處境。我對蕭院長坦言，政務委員銜大權小，卻每天見客、會議、協商、視察，行程滿檔，媒體不見正論，小人張牙舞爪，政局紛亂至此，其實不如歸去。

九五年八月廿五日　週五

中午請蕭院長與（故宮博物院院長）林曼麗一起討論故宮文物參加大阪華商大會兩岸雙展。此事係因大阪臺僑請託蕭院長協助處理，因故宮以日本並無反扣押（臺灣故宮寶藏）之法律，所以頓生困難。

九五年十月十五日　週日

晨五時赴林口參加尊賢盃球敘。下午三時半返行政院參加蘇揆召集之「大溫暖、大投資」套案簡報會，我發言主張納入國土美化方案。

會後赴敦化南路三井，與蕭院長等人吃晚飯。

（十月十日紅衫軍辦過圍城遊行後宣布暫時中止。馬英九要求「馬蘇會」，蘇揆主張擴大為各政黨會商。立院倒閣案即將表決。陳瑞仁偵辦國務機要費案即將偵結。）

（其後，陳瑞仁偵結國務機要費案，指扁珍共涉違造文書及貪瀆，依憲，總統任上不受刑事訴究，待卸任後再辦。紅衫軍再起。各方要扁下台之聲此起彼落，行政院內對如何穩定股匯市及維護政局安定會商頻頻。各種政治勢力紛作大動作。直轄市長選舉，臺北市郝龍斌勝過謝長廷，高雄市黃俊英敗給陳菊。馬英九特別費案起訴，辭黨主席，吳伯雄代理。隔一日，馬宣佈參選二〇〇八。至三月，蘇貞昌、呂秀蓮、游錫堃、謝長廷登記競逐民進黨二〇〇八總統候選人。五月，謝長廷勝出。）

九六年五月十一日　週五

中午，蕭院長約在晶華一起吃午飯，告訴我，劉兆玄找他，傳達馬英九找他搭檔的訊息。蕭說他原來完全不作此想，但社會上卻好像有很多正面聲音，特別是對於臺灣經貿遠景有大關切者，因此頗費思量。

九六年五月十四日　週一

蘇院長說是「已蒙陳總統首肯下台」。上午十一時，蘇院長召集數人，對過去協助表謝意，對自己不足表歉意。我當場表示陪同下台。

十一時半，閣員齊集，蘇說「放下工作、未放下臺灣」，下台理由是「為配合總統開展新局」，最後蔡英文副院長說了幾段讚佩蘇院長的話結束會面。然後蘇在會議室門口與大家一一握手。

晚上，蘇院長找了幾人到官邸吃便當。

總統府已宣布張俊雄接任院長。一週後交接。一週後是五月廿一日。

（蘇院長下台後，代表國家去了一趟馬拉威後遠走美國。我回去吳姓宗親會的理事長辦公室續寫《論臺灣及臺灣人》一書。該書在上任政務委員前已寫到一半。）

九六年六月十一日 週一

昨下午二時餘，蕭院長來電，說他去政大授課，約六時半來舍下與我談事。

蕭院長開門見山：夜八時，馬英九將與他見面，可能談論搭配時，但他仍認不宜。

我覆：此事進退之間，我作爲一個老友及部屬，內心極爲矛盾。我分析了利與不利因素。

最後，蕭決定他仍是婉謝再說。

九六年六月十二日 週二

昨傍晚下班回家途中，蕭院長約六時半在西華吃晚飯，乃即調頭。

蕭院長說禮拜天晚上，馬英九與他討論兩岸觀和經濟觀後，情辭懇切要求搭配，還說年齡不是問題，觀念才是重點。但蕭仍以三理由婉謝：一、應找新一代；二、珍惜現在的幸福；三、不喜歡很難避免的批鬥。

隔天，亦即週一下午，劉兆玄又至蕭辦公室勸駕，蕭仍持婉謝態度。

我因判斷情勢已急轉直下，便說了「蘇貞昌說人生劇本早已寫好，只是不能偷看，這句話我是相信的。」

九六年六月廿一日　週四

中午與蕭院長午飯，蕭說最後決定搭配原因是：一、馬給他看民調數字、二、馬強調經濟民生重要，且情辭懇切。

蕭要相關用稿，我允明日給他。馬蕭配已訂廿三日開記者會正式宣布。

蕭說他仍將照預定，廿五日赴俄羅斯旅行十天。

九六年八月六日　週一

蕭院長昨夜自新加坡返臺，約上午十時見面。蕭說，他與李光耀會面時，從歷史角度分析兩岸情勢，李光耀表示前未曾聞，希望蕭能多與連繫。談話後臨分手時，我說，民進黨方面好像又變成謝蘇配，蕭說「一週前就傳言已定」，並且說「那您就很爲難了」，我覆：待十五日宣布後再作道理。

九六年八月十四日　週二

（連日來民進黨友人都告訴我，情勢又回到「謝蘇配」）夜十時半，蘇貞昌自美來電，說他打了好幾通電話都聯絡不上，又說他不得不答應「謝蘇配」，問我看法，我說「您是當事人、壓力不一樣，視界也不一樣，既已決定，就去做了」，蘇說近日即回來。

（蘇返國後，我當面明白表示：我曾入蘇閣，依情理應幫他忙，但蕭是三十年師友，關係密切，所以變成兩難，只好在家讀書。蘇表示充分瞭解。

然後，我當面明白向蕭先生表示，基於三十年亦師亦友情誼，幫他競選義不容辭，但因剛離開蘇內閣，情理上眞變成您所說的「爲難」了，因此我只好在家讀書。蕭先生表示完全瞭解。）

九七年三月廿二日　週六

（連續七個月，我在宗親會辦公室完成《論臺灣及臺灣人》一書。我的朋友各依他們的感覺或意願去幫馬蕭配或謝蘇配。）

總統大選投開票。夜七時，開票完成，馬蕭配以多得二百二十餘萬票勝出。臺灣第二次政黨輪替。

九七年八月一日　週五

（因李遠哲等人推薦，陳水扁總統於九十三年底提名我爲第四屆監察委員，唯立法院迄不行使同意權。馬英九總統上任後於六月提出新名單，本人忝列其中，推薦人是新聞界九十六歲大老葉明勳。據審薦小組召集人蕭副總統事後告訴我，小組成員錢復、胡佛先後在小組會議上發言力薦。）

上午九時齊赴總統府宣誓就職，十時在監察院大禮堂辦理新舊任院長交接，蕭副總統監交。下午一時半舉行首次院會至六時餘結束。

夜七時，馬總統在臺北賓館席開四桌，另四院正副院長作陪，作十分重視狀。

（我慣稱的蕭院長變成了蕭副總統，地位尊崇。我本來平民，卻復任公職，且係職司風憲的監察委員，與蕭副總統的互動，基於憲政精神，必須自行限縮，因此互動自然減少。不過，假日常會碰在一起。）

（蕭副總統就任前跑了一趟博鰲，與中共國家主席胡錦濤會面。五月二十日就職。馬蕭一上任就碰到國際金融海嘯，我知道蕭副總統殫精竭慮。金融海嘯使得國內經濟流失動能，蕭副總統力主調降遺贈稅為百分之十，俾讓海外資金回流，補充動能。臨就職一週年前夕，蕭副總統發現左肺有異樣腫粒，乃於就職週年記者會後，住入榮民總醫院開刀。）

九八年五月廿五日　週一

蕭副總統手術順利。上午十時赴榮總探視，看起來氣色很好，但醫生說需要三、四個月才能完全康復。

（八月八日南部大水災，小林村被土石流滅村、死亡幾百人。政府救災較慢，輿情譁然。稍後行政院長劉兆玄下台，吳敦義接任。蕭副總統因為療養中，對八八水災善後，只能就民國八十八年處理九二一大震災之經驗，提供政府參考。此外H1N1一度驚擾社會，好在未演變成災難。）

（九十八年十二月五日縣市長選舉投開票，稍見藍消綠漲。）

（九十九年十一月廿七日，五都市長選舉投開票，藍保三都，但得票數與二〇〇八總統選舉相比，支持票似大量流失。）

一百年四月廿六日　週二

（光陰似箭，歲月如梭，好像只一眨眼，監委已快做完六年任期的一半。案子一件件調查，約詢、履勘、巡察、開會、監試，每天忙得可以，也忘了總統、副總統也快就職三週年。）

副總統約七時在官邸吃飯。說已與馬總統完全商妥不再參選二〇一二，以符當年只輔贊一任之君子協定。五月九日蕭需赴巴拉圭慶祝他們建國二百年，要到二十日才回國，二十日是就職三週年，會有記者會。蕭希望一起討論何時宣布？如何宣布？

最後，副總統敲定，五月底舉行記者會宣布。

此事已談論數月。每次談論，我都說，政治人物圓滿收場最難，蕭先生在二〇一二副總統任滿時收場，最爲圓滿。我還說，您奉獻臺灣五十年，做成功那麼多大事情，將來即使最刻薄的歷史家，都很難不肯定您對臺灣的大貢獻。

一百年七月三日　週日

下午與蕭副總統在美麗華打球時告訴他，打算利用公餘時間寫一本他的人生故事。蕭表欣然，並允在檔案資料上大力協助。

之二 補述

算了一下，我一共摘取了七十六則備忘錄中的記載，這是全部記載的幾十分之一。更進一步說，行政院下面多達三十七個部會局署，身為院長必須日理萬機，那麼，也就是說，蕭先生在任職院長期間告訴我的事情，也必然只是政務和所涉糾葛的幾十分之一，乃至於幾百分之一，卸任院長後到又上台任副總統，兩人接觸模式一樣；因此各方讀友如果要憑以上記載去做全面性的判斷，必生誤差，所以，我要做以下綜合性的補述：

【第一】從以上被摘取下來的記載中，各方讀友可能得到一個印象：蕭先生在碰到各種困難的時候好像很重視博採周諮？

我要告訴各方讀友先進：沒錯！

我很希望讀友除了閱讀全書各節所突顯的大政外，再花個幾十分鐘，去仔細檢視本書附錄四「蕭萬長大事年表」，再算算他在五十年公職生涯中為臺灣做出多少承擔和貢獻！事實是，蕭先生智慧很高，而且久經歷練。在奉命組閣之前，蕭先生已在國貿局副局長和局長任上做出大成績，其後又歷經三個部會首長的礪磨，外加國會議員的洗煉，因此凡百政務，他成竹在胸；可是他不恥下問，因為他相信兼聽則明。

一個政治人物成竹在胸很好，凡事予智自雄則不好。特別是高層政治人物，常見眾星拱月，旁邊一二有心人即使想要不揣簡陋，也會便作罷論。

筆者要指出，作爲一個炙手可熱的政治人物，蕭先生門前幾十年間並無車水馬龍，更無朱門酒肉。卸任行政院長後到再上去擔任一國元輔之間的八年，筆者與蕭先生接觸更多，有時要去餐廳吃飯，便就走在人行道上，遇有對他表達敬意的男男女女，蕭先生便微笑招呼。在球場打球，蕭先生與桿弟互動一如自家姐妹。常常會有不認識的球友小跑步過來表達敬意的時候，蕭先生也會自然迎上前去握手。簡而言之，蕭先生雖然幾十年都在廟堂之上，但因來自臺灣鄉下民間，再加上一己深厚的修爲，所以從來不曾自命不凡、不曾驕姿示人，這是非常難得的操持。

一個政府要員，手握決策大權，影響廣大深遠，凡事用心、凡事虛心，是很重要的事體；也唯有凡事用心、凡事虛心，才不會作出不可挽救的錯誤。且舉一例：臺灣戒嚴三十九年，戒嚴時期的基調就是「限縮」，所以這個不可以、那個也不可以。解嚴就是「解除不當的限縮」，可是假使解嚴後什麼都可以，那便是從什麼都不可以的極端，擺盪到什麼都可以的另一個極端；操持國政假如這麼簡單，那麼三歲童子也可治國。

臺灣號稱信仰三民主義，其實主要採行資本主義，但資本主義也有「市場秩序」這回事。解嚴以後那段時間，銀行全面開放，媒體全面開放，證券公司全面開放，航空公司全面開放，其結果是造成惡性競爭，市場秩序失控，社會人心混亂；試問誰能什麼都懂？誰能什麼都做對？

我這樣批評政府，我也曾經問過蕭先生：解嚴後那幾年，蕭先生先後任經濟部長、經建會主委二要職，上頭講的那些無限開放，雖然各有主責部會，但經濟市場、經濟規模、經濟秩序這些事，作爲經濟部長或經建會主委，您曾否在廟議之中注意及之？

我在寫作本書時曾再一次請問蕭先生：解嚴後的盲目開放，何以他未發一言？蕭先生坦承確係疏失。

從這個事例，讀友先進應該就可體會居高位者不恥下問、博採周諮的重要了吧！

題外話。據說，尼克森擔任美國總統期間，偶而會失蹤半天，除了最貼身的幾個隨扈外，無人知道他去了哪裡。不死心的新聞界明查暗訪，終於發現，他失蹤時，總是去與同一位農夫釣魚，而且各釣各的，很少交談，就算偶有交談，農夫也都板著個臉。後來新聞界判斷，憂國憂民的這位美國總統，也需要有淨空的時刻；恰巧這位農夫不是共和黨人也不是民主黨人，識字無多但智慮清明，既不作股票，也沒有煩人的聒噪。

曾經有一天，我跟蕭先生談笑，說從某個角度看，對他而言，我有點像陪尼克森釣魚的那個農夫。

【第二】我注意到，一個政治人物要眞正做出大貢獻，除了自身充分修練外，還有兩個不可少的條件，一是要久在其位，二是要得到直屬長官的信任和愛護。

蕭先生自評他在國貿局的歲月，認爲那段時間，對我國外貿拓展，「績效最爲明顯」。他在民國六十一年由外交部請調國貿局，到民國七十七年才離開，前後十六年，這就是久在其位。他在國貿局的時候，前後任局長汪彝定和邵學錕對他備加信任和愛護。升任國貿局長後的直屬長官經濟部次長汪彝定、先後任經濟部長孫運璿、張光世、趙耀東，對他同等信任、同等愛護，這就是蕭先生所謂「績效最爲明顯」的成就條件。

國貿局長之後，蕭先生的職位不斷變動，任職年月也都不長：

行政院經濟建設委員會副主委	一年五個月
組織工作會主任	五個月
經濟部長	二年九個月
行政院經濟建設委員會主委	一年九個月
行政院大陸委員會主委	十一個月
立法委員	一年九個月
行政院院長	二年九個月
副總統	四年

除了副總統一職憲法明定任期四年外，其餘的位子雖然步步高升，其實五日京兆。不過，儘管不知道哪一個位子做多久，蕭先生仍然秉其家訓，宵衣旰食，活像拚命三郎。

其實，政府首長頻頻更替與「政局動盪不安」常常是同義字，日本近五年來的情況就是最明顯的寫照。小泉純一郎首相下台後，日本五年內換了六個首相，宛如走馬燈。試問，連位子都還沒坐熱，能有甚麼興革可言？

中華民國三十六年行憲迄八十九年的五十三年間，共換了十五任行政院長，平均每任在位子上三年五個月，蕭萬長做了二年九個月，在平均數之下；那就表示有人任期特長，如嚴家淦做了八年半、蔣經國做了六年、孫運璿做了六年。也有人任期特短，如唐飛，只做了四個月不到。如民國三十六年到三十九年，三年之間換了五位行政院長。

一國首相在任上的年月長短，牽涉因素很多，像蕭萬長下台就是因爲政黨輪替，事所必然；筆者要強調的是政務官不管是院長、部長或局署長，如果要作出較大成績，那麼久在其位是條件之一。頻頻更替，讓很多人做過很多職位，然後竟然把一事無成說成「資歷豐富」或「資歷完整」，實在不值識者一笑。

再說長官的信任和愛護。

說來弔詭，李登輝總統對蕭萬長的提攜不輸蔣經國總統，所以不次拔擢，最後拜相組閣，成爲一人之下、萬人之上的一國最高行政首長。可惜的是李總統近邊一、二人不能像李登輝總統那樣信任、愛護蕭先生。那兩年九個月的閣揆歲月，遂成爲蕭先生公職生涯中最心神不得安寧的日子，每隔一段時間，蕭先生就興不如歸去的念頭。我的備忘錄中記載了很多這方面的情事；由於本書主角蕭先生不喜歡惹事生非，作者更無理由惹事生非，所以大多不表。

但是這個鐵則要表：掌國柄者假使要創造更大事功，切記要讓幹才久在其位；切記疑人不用、用人不疑；切記不能讓近臣弄權。

【第三】本互動實錄所記述之文字，相關時間長達十四年，期間經過三次總統大選、兩次政黨輪替、八次內閣改組以及上層政治的物換星移、滄海桑田。

過去這十四年，臺灣內部的政黨鬥爭十分嚴重，個別政黨內部之人事鬥爭也十分激烈；由於筆者所知有限，也由於牽連當事人大多還在人世，更由於政治不是單純的你黑他白，所以即使筆者瞭解部份內情，也自認不合宜記在這裡供大眾閱讀。

我讀歷史，發現東方國家在還沒有建立民主體制之前，朝代的更替幾乎都同一模式，就是一個朝代到了末期，貪污腐敗無能，於是就被揭竿而起的新領袖取代了。新領袖在革命時期都說如果不推翻舊朝廷，人民無法生存，如果由他領政，勢必勤政清廉大革新。等到新領袖登基，果然都能勵精圖治，但經過一段時間，又走上貪污腐敗無能的老路，然後又被新起的領袖推翻。幾千年間，同樣的戲碼周而復始，皇帝不斷換人做，但人民大部分時間都在受苦。

我年輕時讀駱賓王的《為徐敬業討武曌檄》，說武則天「近狎邪僻，殘害忠良，殺姊屠兄，弒君鴆母，神人之所共嫉，天地之所不容。」總是想像不出一個人何能黑心至此？至若杜牧的《阿房宮賦》，說為了建阿房宮，剷平了整座山，宮殿「覆壓三百餘里」，說阿房宮內宮女如雲，「明星熒熒，開妝鏡也；綠雲擾擾，梳曉鬟也；渭流漲膩，棄脂水也；煙斜霧橫，焚椒蘭也；雷霆乍驚，宮車過也。」而且「一肌一容，盡態極妍；縵立遠視，而望幸焉。有不得見者三十六年。」我看你我大家都不能想像得出做皇帝的人或者政府怎麼會荒唐浪費到那個程度？

還好，現在人類整體進步了，即使貴為一國元首，要任意殺人也是不行的；雖然大權在握，但是花錢要受層層節制；這就明顯可以看出，就防弊而言，民主制度優於專制獨裁。

可是，由於政黨惡鬥，再加上不少政治頭目常會利慾薰心，我們竟產出另類荒唐和浪費。長年來，我們有很多立法延宕，以致很多新生事務無法可管，有很多閒置公共建設，浪費近千億公帑，是大家都看到的事；至若因此導致人心混亂，社會撕裂，最是不幸的結果；這就是明白顯示，即使是民主制度，政治人物的品質高低，會生出不同的結果。

坦白以道，筆者從來不相信哪一個政黨一直幹對的事，哪一個政黨永遠走在錯誤的一邊。蓋因政黨必須有些起碼理想才能聚合同志，但聚合一大堆同志之後勢必人多品雜，循至於龍蛇雜處；於是當善類當道的時候，自然字正腔圓，中規中矩；當小人得志的時候，必然荒腔走板，窘態畢露。

換句話說，較好的黨也會做出壞事，較壞的黨有時也會幹出好事，所以影響政治良窳的，永遠是人的品質第一，制度歧異或政黨之不同居次。

正因此，筆者才想要突顯本書主人翁蕭萬長排拒政治鬥爭的一貫態度。蕭先生認為政策可以辯論，但政治不可爭奪；他有一個非常深刻的體會：只在田岸上爭吵，不下田的話，一塊土也翻不過來，遑論播種收割。

檢視人類文明發展史，可以很清楚的看出，人類文明是一群秀異份子各自在不同時地，長時間從事一項專業，辛苦努力的綜合結果。

轉換個角度說，個人的事功、國家的建設，全部都是有志者一點一滴鍥而不捨做出來的成果；光說不練絕對修不成正果；不下田，只在田岸上吵架還會影響別人工作。

筆者常喜歡說，學問有眞學問和假學問之分，智慧有善智慧和惡智慧之別；瞭解一步一腳印的道理才是眞學問，願意一步一腳印的實踐才是善智慧。

這就是爲什麼筆者對無止境的政治惡鬥深惡痛絕的原因，這就是爲什麼筆者要強調天道酬勤的理由。

政海波譎雲詭，蕭先生在仕途上曾經多次面臨鬥爭的陷阱，由於智慮清明，蕭先生不陷入其中。在長達五十年服務國家的過程中，那些基於偏狹的意識形態的言語，那些混淆是非、擾亂人心的三八話，他一句也沒有說過；正因此，他得能在絕大多數人民眼中始終維護良好形象，實在至爲難能可貴。

不過，基於公允論人評事，筆者也要指出：雖然結黨營私不好，但有志於經略國家的人，合當多交益友。我注意到蕭先生在擔任行政院長期間，除了經貿人才之進用不虞匱乏之外，其他部分，他的人才庫存左支右絀。

筆者曾經很花心思地去探究蕭先生的處世哲學。事實上蕭先生的人生經歷過日據、早期威權和後期民主開放三個時段。蕭先生依循他的經建前輩栽培後進的傳統，栽培了不少經貿大才。在他國貿局長任後的國貿局長和在他經濟部長任後的經濟部長，大多是他原來的左右手。可是在那個範圍之外，蕭先生結交的同志益友，屈指可數。

蕭先生說，他父親芳輝公，生前要他把「奉公守法」四個字隨時謹記在心。筆者也是農家子弟，父親也是沒讀過書，所以，我知道芳輝公說「奉公守法」的意思是：要把良心捧在手上，不可頂撞上司，不可欺壓下屬，不可傷天害理，不可與人爭奪，最後還包括不可交陪歹朋友。蕭先生還跟我說，他做到國貿局長時，自己認爲於願足矣！後來一路做到行政院長、做到副總統，是命運的安排。「於願足矣」是一種很好的心態，至於「命運的安排」恐怕未必；依筆者淺見，上天至少看到他突出的經貿專才，以及像臺灣水牛一般的艱辛承擔能耐吧。

那麼，假如我在這裡指出：農家子弟父兄的消極規範和長期威權統治扭曲了政治生態，以至拘限了蕭先生的身手，於是乎，新一代青年除了一憑良知之外，合當海闊天空、盡情揮灑，也就成爲必然的結論吧。

【第四】不知道各位讀友凝視過地球儀沒有？

我們人類居住的這個星球，據天體物理學家研究，說是形成於大約一百四十五億年前。據人類學家研究，人類出現在地球上是兩三百萬年前的事。另據歷史學家研究：有文字記載的人類歷史不到一萬年，至於現代文明，直到最近一兩千年才出現。

現在地球上有兩百五十四個國家和政治實體。有的國家很大，從北到南或從東到西，噴射客機要飛好幾個小時，像俄國、美國、中國、印度、巴西。有的國家小到腳踏車三兩圈就走完全境，像新加坡、摩洛哥、帛琉。

國家幅員不止大小懸殊，天然資源之豐乏差別亦大，於是乎爲了生存競爭，人類史上戰爭不斷。上個世紀二次世界大戰之後，人類之中的智慧者開始構思整體幸福之道，所以五、六十年來人類社會發生了根本性的改變，包括聯合國、歐盟、亞太經濟合作會議、世界銀行、世界貨幣基金、國際貿易組織等等一大堆國際合作機制，莫不都是以合作代替對抗、以協商阻絕戰爭的理想之實現。

臺灣說大不大，說小不小。我們是個島國，但也足有三萬六千平方公里。我們兩千三百萬人口比世界上四分之三的國家多。我們現在的外貿數額和外匯存底絕對排得進G二〇；排不進的原因是國際政治不公，不是國家實力不足。

我們還必須更進一步瞭解，我們今天的國家實力，幾乎主要就是由於我們人民勤勉生產和勤勉輸出的結果。換句話說，過往的歷史經驗明白告訴我們，只有永保「臺灣是世界的臺灣」，我們才可能更加勇猛精進。依循這個邏輯往前，臺灣更進一步自由化和國際化，成爲絕對必要；同樣依循這個邏輯往前，臺灣應該大量培養具有國際視野的政治家，也就成爲不爭之論。

「愛臺灣」不應該只是口號。「不愛臺灣」更不應該成爲政客從事鬥爭時恣意給對方戴帽子的技倆。如果眞正愛臺灣，就必須瞭解臺灣生存發展的根本在於能夠從世界各地順利購得資源，然後能夠把產品在世界各地順利行銷。如果任令某些似是而非的政治教條傷害臺灣的生存命脈，豈非庸人自擾？

蕭先生由於先學外交、做外交，然後學國際貿易、管國際貿易，加上外語能力強，才思敏捷，看清楚臺灣在大世界中的角色和生存發展之道，所以激發出做爲一個被國家大力栽培的人物的使命感，進而在臺灣前景規劃上高瞻遠矚，創見不斷，且能堅忍圖成；這是臺灣政壇上少見的政治家。

蕭先生如今行年七十又四，外表看起來好像不錯，其實五十年公職生涯，換掉二十幾顆牙齒，多次積勞成疾，開刀治療，所幸老天保佑，總能恢復健康。因此假如基於私交，我樂見蕭先生卸任副總統之後，含飴弄孫，並多多享受他唯一嗜好——打球，樂享福報。假如基於公誼，我倒盼望他也能以臺灣前副總統之尊，憑著豐沛的國際高層人脈，在臺灣的自由化、國際化的大工程上，繼續做出另一種形式的大貢獻。

本書寫到最後階段時，蕭先生告訴我，這正是他對未來生涯的自我期待。善哉！善哉！

大文豪楊愼《臨江仙》：

滾滾長江東逝水　浪花淘盡英雄
是非成敗轉頭空　青山依舊在　幾度夕陽紅
白髮漁樵江渚上　慣看秋月春風

一壺濁酒喜相逢　古今多少事　都付笑談中

寫得好！寫得好！

人世間本來你方唱罷我登場，分不清楚他鄉或故鄉。其實，每個人幾十年的人生都如白駒過隙，那些無謂的爭奪、傾軋、鬥爭，到頭來都是空。楊慎幾語道破，難怪成爲傳唱千年的人生悲歌。

不過讀友諸君，千萬不要搞錯了，楊慎是就個人、小我而言，如果就國族、大我來看，那麼國族的無限生機和後世同胞的生存天地，馬上就變成非常具體的大事。因此，

凡我同胞，合當

協力勤耕後世子孫的福田；

共同攀登國族榮耀的巔峰。

正因爲台灣可以掌握歷史的機遇，創造人類文明史上的台灣燦爛，所以筆者才假借蕭萬長這個活生生的角色來突顯一種政治家的典範，讓新世代青年學習奉獻國家的要領，以求坦順臺灣的前路。

果能如此，那麼筆者也就不枉費筆耕了幾十個假日和夜晚的辛勞了。

附錄三

公餘生活集錦

附錄三 公餘生活集錦

蕭萬長讀大學時僅有的幾張相片之一。

民國五十年七月，
蕭萬長從政大外交系
畢業時與父親合影。

據實側寫蕭萬長

民國五十四年七月，
蕭萬長
政大外交研究所畢業，
獲碩士學位，
與準岳母及
政大國貿系畢業的
朱俶賢小姐合影。

民國五十四年七月，蕭萬長與朱俶賢永締鴛盟。

駐節馬來西亞時，夫妻忙裡偷閒，在海濱。（右）

蕭氏伉儷抵達馬來西亞履新。（左）

駐節馬來西亞時，一家四口郊遊。

民國五十九年，蕭父前往馬來西亞探親（上）。

駐節馬來西亞，蕭萬長買了第一部車。這部車接送了不少台灣前去的政要（中）。蕭氏一家與岳母遊名城馬六甲。（下）

團體女子組

蕭局長忙裡偷閒，
與同仁切磋球技。（右・上）
駐節馬來西亞時，
與僑胞聚餐。（中）
蕭局長幫同仁慶生。（下）

民國九十一年與么女、大孫女，祖孫三代在日本慶應大學校園。

民國九十一年二月，全家遊覽日本北海道。

民國九十二年赴捷克旅遊。

民國九十二年在義大利，蕭先生看著正在吃冰淇淋的夫人說：「還吃！太胖了，讓我吃一口」。

民國九十三年夏天，與家人在日本輕井澤渡假（上）。民國九十四年與家人赴夏威夷歡渡假期（下）。

么女至佑小姐常常對我們的副總統「指指點點」。(右)

給孫女訓話。(上)

過年時也會自己貼春聯。(下)

民國九十九年，副總統任上，全家在花蓮歡度春節（上）。蕭副總統伉儷在總統府副總統辦公室留影（下）。

民國一百年的最後一天，蕭副總統主持萬人「轉動臺灣向前行」活動。

某假日，颱風天，家人到副總統辦公室，快樂地拍下這張全家福。

據實側寫蕭萬長

蕭先生很高興終於能夠「還我初服」，
蕭夫人高興的卻是先生可望變成「全職丈夫」，
夫妻從此可以共看夕陽。
蕭副總統右手臂上的圖案不是刺青，
而是建國百年全台自行車活動的貼紙。

附錄四

蕭萬長大事年表

附錄四 蕭萬長大事年表

中華民國	
二八年一月	生於臺灣嘉義市
四十年六月	嘉義市大同國小畢業
四十年－四六年	嘉義中學初、高中部畢業
四六年九月	就讀政治大學外交學系
四九年十月	高考普通行政人員編譯組第一名
五十年七月	政治大學畢業，服預官役
五一年九月	退伍後就讀政大外交研究所，並以外交特考第一名進入外交部 展開外交公職生涯
五四年七月	政大外交所碩士班畢業 與朱俶賢女士結婚
五五年四月	派赴馬來西亞首都吉隆坡任職副領事
五八年二月	升任領事
六一年九月	奉調返國任外交部亞太司科長，後借調至經濟部國際貿易局任稽核， 開始經貿公職生涯
六三年十二月	升任國際貿易局簡任秘書
六四年二月	升任國際貿易局組長
六六年十月	升任國際貿易局副局長 經濟部駐外經濟商務機構業務，於六一年一月起改由貿易局協處， 自六六年起首次委請考選部舉辦本部駐外經濟商務人員特種考試，

歷來共計錄取熟諳英文、日文、韓文、法文、西班牙文、德文、俄文及阿拉伯文相關經貿人員，為國家儲備優秀駐外長才

十一月　六六年十一月、六七年一、二月、六八年五月、六九年二月間中美雙方分別在美國及臺北舉行「中美紡織品協定」續約及相關談判，雙方同意依約規範我國輸美紡品之數量與成長率

六七年　六七年起逐年籌組赴美特別採購團，共計十八次，採購美國農工原料及機器設備，總金額超過一百五十億美金，造訪美國四十四州，以增進我駐美各地辦事處與州政府及工商各界之關係

十二月　五月起，中、美雙方依GATT東京回合談判架構，就關稅及非關稅之相互減讓舉行五次雙邊談判，並於十二月二九日中美外交關係中斷前達成協議，締結中美雙邊貿易協定，重申繼續互享永久最惠國待遇之地位

六八年一月　中、美雙方對輸美彩色電視機及其底盤出口數量之基數與設限數量達成協議，嗣於七一年七月開放自由出口

十月　明定推廣外銷基金主要收入來源為收取進口簽證費三分之一，並組成基金小組委員會，以貿易局為管理機關，負責審查基金之收支保管及運用等工作

十一月　二至五日舉行中、美MTN關稅及非關稅減讓雙邊協定實施細節諮商會議，就生效日期（一九八〇年一月一日）及其他實施細節進行協商

六九年三月　三月二五日發布「出進口廠商輔導管理辦法」，並廢止「大貿易商輔導要項」等五項法規，初以貿易商及生產事業為適用對象，嗣於七五年五月三日擴大適用至華僑及外國人事業

七十年三月　廿三日公告「廠商輸出入貨品簡化許可證辦法」，自同年七月一日起，選定三千九百八十七項商品免辦進口貨品輸入許可證制度，另分別於七二年一月、七三年二月及七六年七月公告修正，並授權外匯銀行辦理簽證事宜。

七一年一月	升任國貿局長，多次擔任中美商務談判首席代表，爭取廠商配額利益，解決雙方貿易爭端。七一年起為符合國際貿易規範，積極檢討開放進口，並放寬各種進出口手續及簽審規定，並將進口貨品由禁止、管制、暫停及准許四類簡化為管制及准許二類赴美喬治城大學領導者研習班研究
十一月	十八日中美紡織品貿易達成協議開始率領赴美採購團訪問美國各州，不斷倡導「自由化、國際化」貿易政策
七二年一月	經濟部查禁仿冒小組辦公地點改移至貿易局，由相關單位派員聯合辦公，並於十二月卅一日奉行政院核定設置要點，負責全國性反仿冒業務之策劃、督導與協調工作
八月	組成「國際商品統一分類制度專案工作小組」，並自七五年起將商品標準分類之品目轉換為十碼，並於七七年七月制定完成
九月	中美稻米諮商談判 中美鞋類產品諮商
七三年二月	中美稻米諮商談判達成協議
七四年四月	獲艾森豪獎學金赴美短期進修
七月	政府宣布轉口貿易「不接觸、不鼓勵、不干涉」三不原則
七五年二月	為因應對外經貿情勢變遷，並排除貿易障礙，成立專責單位（第三組）負責貿易政策之研擬，並針對外國貿易保護措施提出對策及交涉談判。同時將出進口業務改依輸出入貨品分類號列（C.C.C. Code）劃分，以方便民眾接洽與申辦
四月	四月及六月間分別舉辦GSP（關稅優惠）總檢討第一、二次諮商會議，美方要求我開放七十一項產品關稅減讓（如牛肉臟、菸酒、梨）並放寬內陸運輸，我方並未給予實質承諾

七六年　十二月　八日中美菸酒談判達成協議
七六年對外貿易總額躍居世界排名第十三位，
其中出口排名維持第十一位、進口排名由第二十名上升為第十七名

三月　調整貿易局第一、二組職掌，第一組專責進口業務，第二組專責出口業務

五月　陳請經濟部核定「我國對外貿易平衡發展方案」，作為我拓展貿易之依據，
並於七十七年研訂「分散市場、擴大進口五年計畫」，
以作為該方案之中程執行計畫

八月　中美調和式貨品分類制度之紡織品配額類別與額度諮商會議

七七年　一月　一月起依行政院解除進口管制之指示，分四次召開會議，
並於同年四月三十日公告變更貨品之進口分類及簽審規定，
百分之九十八點四四貨品均開放進口

三月　接見來貿易局抗議之果、菇農五千餘人，強調政府絕不犧牲農業換取工業利益，
並將加強檢疫查驗，以緩和緊張氣氛
美國以「三〇一條款」要求我國開放進口火雞肉，
遭數千名抗議雞農蛋洗仍保持微笑，自此，人稱「微笑老蕭」

五月　行政院中美貿易專案小組決定，自是年六月一日起恢復美國火雞全雞進口，
美國以外地區水果則限量准許進口
成立「GATT專案小組」，積極研議重返GATT相關準備工作，
下設關稅、非關稅、農業、智慧財產權、投資、服務及綜合業務七個工作分組，
負責撰擬研究報告

七月　廢除聯合採購制度，變更大宗物資簽審規定，凡具有進口資格之生產事業或
貿易商均可依規定向貿易局申請核發大宗貨品輸入許可證
公告「中國大陸原料間接輸入處理原則」

七七年七月　陳報行政院修正通過「出進口廠商輔導管理辦法」，取消貿易商及生產事業管理差別規定

八月　陳請經濟部公布放寬中國大陸農工原料及產品開放進口項目

決定對共產國家貿易，採負面列舉以放寬限制

公布「大陸產品間接輸入預警辦法」

中美農產品貿易諮商

九月　出任經建會副主任委員，襄助主委規劃全民健保、基隆河整治、臺北捷運、鐵路地下化、集集攔河堰等重大計劃

辦理「公元二〇〇〇年我國新興工業發展規劃研究」

七八年三月　提出「當前物價問題因應措施方案」，行政院五月核定

五月　推動公營事業民營化

七九年一月　調任中國國民黨組織工作會主任，負責該黨第八任正、副總統提名候選人輔選工作

七九年六月　任經濟部長

八月　訂定「對大陸地區間接輸出貨品管理辦法」

九月　訂定「加速製造業投資及升級方案」

成立「振興景氣行動小組」

成立「中小企業融資服務團」

後勁五輕動工

十一月　彰濱工業區復工

八十年一月　「促進產業升級條例」施行

二月　公布「中小企業發展條例」

公布「公平交易法」

七月十九日　美國布希總統明確表示支持我國加入GATT的堅定立場

八月　APEC通過臺灣入會

台塑宣布將在雲林興建六輕

十一月　率團赴韓國漢城出席APEC部長級會議

十二月　設置「中小企業發展基金」

八一年六月　制定國外期貨交易法

立法院同意恢復核四預算

九月　率團赴泰國曼谷出席APEC部長級會議

訪問歐洲與GATT理事主席舒其、秘書長鄧肯、審查入會小組主席莫蘭會談，爭取我國取得GATT（WTO前身）觀察員地位

十二月　研擬「貨品進口救濟案件處理辦法」、「產業技術法展法」，籌設「產業技術審議會」、推動「亞太營運中心」

平均每人國民生產毛額（GNP）突破一萬美元，達到一萬零八百五十六美元

八二年三月　轉任行政院政務委員兼行政院經濟建設委員會主任委員

推動產業東移

六月　推出「振興經濟方案」

七月　推動人力發展專案計畫

八月　完成國家建設六年計畫期中檢討報告

十月　首度代表李登輝總統赴美國西雅圖參加APEC高峰會議，並與各國領袖分別會談

八三年一月　成立「推動服務業自由化專業小組」

進行國民年金保險制度第一期規劃

六月　規劃建立及推動「中長期資金運用制度」

八三年七月　完成政府公共工程及採購制度改革方案

「十二項建設」完成規劃

十一月　二度代表李登輝總統赴印尼雅加達參加APEC高峰會議

十二月　推出「發展臺灣成爲亞太營運中心計畫」

提案規劃境外轉運中心，以貨物不通關方式擴大兩岸經貿實質往來

改任行政院大陸委員會主任委員。提出「以經貿爲主軸」的兩岸關係政策重點，任內實現境外航運中心計畫、籌備第二次辜汪會談事宜、實現澳門航空轉乘便捷。以便利我赴大陸人士等開放措施

「辜汪會談」後續事務性第六次商談

八四年一月　兩岸兩會第三次焦唐會談與第七次事務性商談

二月　政府公佈「臺港澳交流計畫」

通過「現階段加強兩岸民間交流規劃方案」

四月　發布「大陸地區人民來臺從事經貿相關活動許可辦法」

發布「大陸地區交通專業人士來臺從事交通事務相關活動許可辦法」

五月　第二次辜汪會談第一次預備性磋商

發布「大陸地區農業專業人士來臺從事農業相關活動許可辦法」

通過「境外航運中心設置作業辦法」

八月　「港澳關係條例」草案送立院審議

發布「大陸地區環境保護專業人士來臺從事環境保護相關活動許可辦法」

九月　發布「大陸地區財金專業人士來臺從事環境保護相關活動許可辦法」

十月　臺港航權談判達成協議

十一月　請辭，參選立委

十二月　高票當選立委

八五年三月		首次總統直選，擔任國民黨正、副總統全國競選總部總幹事
		在立法院結合朝野立委八十三名成立「立法院財經立法促進社」，推動六十件財經法案通過
	十二月	國家發展會議召開，出任國民黨副召集人，在國、民、新三黨間斡旋協調，穩定政局
八六年七月		國民大會進行修憲，任國民黨修憲小組召集人
	九月	出任行政院長。強調「民意至上」、「行動第一」，提出「六大施政重點」：「改善社會治安」、「持續經濟發展」、「提高生活品質」、「加強文教建設」、「增進兩岸關係」及「鞏固國家安全」。
		推動政府組織精簡化、電子化、透明化
		對於兩岸關係發展，提出：一、擱置主權爭議；二、推動務實交流；三、進行對等協商；四、實現良性互動；五、建立正常關係等五原則
		建立「全國社區治安維護體系」，推動社區守望相助
	十月	推動改善急診重症醫療照護計畫
		廢止貨物稅查驗證制度
	十一月	成立「促進投資聯合協調中心」
	十二月	成立電信警察隊
八七年一月		實施每月兩次週休二日，提升全民工作效率
		訪問菲律賓，會晤羅慕斯總統及亞洲開發銀行總裁Mr. Sato
		訪問印尼，會晤蘇哈托總統，研商東南亞區域金融合作機制
		全面實施報案單一窗口制度
		實施兩稅合一
	三月	組成「公安檢查輔導團」

八七年四月　訪問馬來西亞，會晤馬哈迪總理
五月　通過「教育改革行動方案」
提出「中央政府機關組織基準法」、「中央政府機關總員額法」
核定「加強老人安養服務方案」
六月　推動眷村改建計畫
設立內政部警政署水上警察局
公布實施「家庭暴力防治法」
成立行政院南部聯合服務中心
施行退職所得及撫卹金採定額免稅
制定「原住民族教育法」
七月　率特使團訪問南太平洋東加（國王杜包四世八十大壽）、斐濟、
索羅門（獨立二十週年）、關島
實施替代役制度
實施「就業促進津貼實施要點」
實施「原住民族發展方案」
推動「教育改革行動方案」
公共電視開播
與臺灣高速鐵路公司簽訂「興建營運合約、站區開發合約」（BOT）
八月　通過「擴大國內需求方案」
九月　召開全國社會福利會議
全力推動我國加入世界貿易組織（WTO）
成立獨立運作之航空器飛航安全委員會
成立「大陸臺商經貿服務中心」

十月　成立經濟部智慧財產局

召集財經首長及銀行界代表提出五項紓困措施，投入二千億元，穩定國內股市

通過「老年農民福利津貼暫行條例」修正，十五萬農民受惠

實施「犯罪被害人保護法」

立院通過預算法修正，政府會計年度改為曆年制

完成「文化白皮書」

推動海基會辜董事長率團赴大陸訪問

十一月　核定基隆河治理初期實施計畫，期程由四年改為二年

與馬紹爾共和國建交

組成「協助企業經營資金專案小組」

公布施行「都市更新條例」

十二月　召開全國海洋會議

實施「勞工保險失業給付實施辦法」

實施「擴大國內需求方案」

完成第四屆立法委員及北、高市長、市議員選舉

完成臺灣省政府組織及功能調整

訂定「推動全國行政單一窗口化運動方案」，落實簡政便民服務

八八年一月　順利度過亞洲金融危機

完成「行政程序法」、「地方制度法」、「財政收支劃分法」立法

廢除「出版法」，保障言論自由

實施「科技基本法」

發射「中華衛星一號」

二月　與馬其頓建交

八八年二月　通過「強化經濟體質方案」
實施「振興建築投資措施」，提撥一千五百億元資金
發射第一顆完全屬於我國的「中華衛星一號」人造衛星
調降金融營業稅爲百分之二
公布「衛星廣播電視法」

三月　成立環境保護警察大隊
成立「財團法人婦女權益促進發展基金會」

四月　成立「性侵害防制委員會」

五月　正式實施「政府採購法」
率團慶賀薩爾瓦多佛洛瑞斯總統就職典禮暨訪問瓜地馬拉及聖克里斯多福

六月　發布「中央統籌分配稅款分配辦法」
制定「教育基本法」

七月　實施健保新制，投保眷口負擔由五口降爲三口
臺灣省政府與臺灣省諮議會改爲行政院派出機關
成立環保警察隊

八月　訪問馬其頓及杜拜
接受中國國民黨提名爲第十任副總統候選人，與總統候選人連戰搭檔參選
獲美國俄亥俄州立大學頒授榮譽公共服務博士學位
率團慶賀巴拿馬莫絲柯索總統就職典禮

九月　臺灣發生九二一大地震，當天凌晨一時三十分開始坐鎮總指揮
各項救災工作因應九二一大地震災害救助，呈請總統發布緊急命令，
提出災後重建綱領，提出九二一震災重建暫行條例
成立「行政院九二一震災災後重建推動委員會」及

「九二一震災民間捐款基金管理委員會」
開辦寵物登記，建立全國寵物登記系統及走失協尋網站

十一月　成立內政部兒童局
通過「檔案法」

十二月　完成千禧年Y2K整備措施
行政院審查通過「電子簽章法」
原則同意保險業者到大陸籌設辦事處，做爲我國金融業登「陸」的起步
發行第一期公益彩券
通過「提升傳統產業競爭力方案」
成立大陸委員會澳門事務處

八九年一月　順利度過Y2K危機
成立「海岸巡防署」

二月　設置國立海洋生物博物館
公布施行「促進民間參與公共建設法」

四月　制定公布「離島建設條例」

五月　第十任總統選舉後確定政黨輪替，主持行政院院務妥善移交事宜，
爲第一次政權和平移轉奠立民主風範
李登輝總統頒授大綬一等卿雲勳章，以表彰爲國家所做的傑出貢獻

五月廿日　卸任行政院院長
擔任財團法人中技社最高顧問

六月　當選中國國民黨首席副主席
擔任國立政治大學及輔仁大學兼任教授
泰國蘭實大學頒授榮譽哲學、政治學及經濟學博士學位

九十年三月　創立財團法人兩岸共同市場基金會並擔任董事長

五月　率團首次訪問中國大陸

韓國成均館大學頒授榮譽經濟學博士學位

陳水扁總統召開臺灣經濟發展諮詢委員會，受邀出任副主任委員

九一年七月　受聘擔任中華經濟研究院董事長

十一月　順利取得博鰲亞洲論壇基礎會員資格

九二年四月　擔任亞東關係協會科技交流委員會主任委員，協助廠商促進臺日產業科技交流合作

五月　擔任臺北愛樂交響樂團榮譽董事長

因SARS重創臺灣經濟，陳水扁總統力邀擔任其經濟顧問小組召集人，經半年努力，投資信心大增，臺灣股市由三千餘點恢復至六千三百點

九月　促成在中華經濟研究院內設立WTO中心

十一月　第一次率團出席中國大陸海南舉行的博鰲亞洲論壇年會，發表演說。

九三年一月　請辭總統經濟顧問小組召集人

六月　國立嘉義大學頒授榮譽管理學博士學位

九四年三月　爲支持世代交替，請辭中國國民黨首席副主席

四月　兩岸共同市場理念經多年倡導被納入中國國民黨主席連戰與中共總書記胡錦濤會後公報的內容

九五年一月　擔任法鼓山法行會會長

擔任臺北職業高爾夫巡迴賽榮譽會長

六月　擔任世界華商會議榮譽主席

九六年六月　獲中國國民黨提名爲第十二任副總統候選人，與總統候選人馬英九搭檔競選

請辭中華經濟研究院董事長、財團法人中技社最高顧問

九七年一月　登記參選第十二任副總統

三月　當選第十二任副總統

四月　參加博鰲論壇，與中共國家主席胡錦濤會面，提出「正視現實、開創未來、擱置爭議、追求雙贏」十六字箴言，被稱爲「兩岸融冰之旅」

五月　就職第十二任副總統

九月　以特使身分率團訪問友邦史瓦濟蘭王國，參加史國獨立四十年暨史王恩史瓦帝三世四十歲華誕的「雙慶活動」

擔任總統府「財經諮詢小組」召集人

九八年一月　主持召開「文化創意產業圓桌論壇」

四月　擔任「蔣故總統經國先生百年誕辰紀念活動籌備委員會」主任委員

十月　擔任「中華民國建國一百年慶祝活動籌備委員會」主任委員

九九年七月　獲巴拿馬共和國副總統兼外交部長瓦雷拉（Juan Carlos Varela）頒贈該國最崇高榮譽等級的「巴爾波大十字勳章」，以感謝蕭副總統對促進兩國邦誼的貢獻

一〇〇年五月　以特使身分率團訪問友邦巴拉圭，參加巴拉圭獨立二百週年慶典活動，並順道訪問巴拿馬

發表聲明依四年前「只輔贊一任」之君子協議，不再搭配馬總統參與二〇一二連任大選

一〇一年五月　卸任副總統

附錄五

五十年經貿統計綜整表

附錄五 五十年經貿統計綜整表

年度	貿易總額 百萬美元	外匯存底 百萬美元	國內生產毛額 (GDP) 百萬美元	國民年均所得 (GNP) 美元
1961	3,746	93	1,785	162
1962	3,925	71	1,963	172
1963	4,181	177	2,218	188
1964	4,551	242	2,587	213
1965	4,824	245	2,859	228
1966	5,158	275	3,192	248
1967	5,654	335	3,687	278
1968	6,263	300	4,295	316
1969	6,948	395	4,979	353
1970	7,705	482	5,735	393
1971	8,636	439	6,665	447
1972	9,961	651	7,989	525
1973	12,826	1,026	10,853	700
1974	16,614	1,055	14,640	927
1975	17,703	1,074	15,728	973
1976	20,847	1,516	18,871	1,143
1977	24,105	1,345	22,128	1,315
1978	29,222	1,406	27,244	1,595
1979	35,740	1,392	33,761	1,944
1980	44,201	2,205	42,221	2,381
1981	51,202	7,235	49,221	2,715
1982	51,603	8,532	49,621	2,702
1983	56,105	11,859	54,122	2,906
1984	62,922	15,664	60,938	3,259
1985	65,134	22,556	63,149	3,352

年度	貿易總額 百萬美元	外匯存底 百萬美元	國內生產毛額 (GDP) 百萬美元	國民年均所得 (GNP) 美元
1986	79,767	46,310	77,781	4,112
1987	105,277	76,748	103,290	5,383
1988	123,923	73,897	121,935	6,318
1989	153,569	73,224	151,580	7,748
1990	166,737	72,441	164,747	8,339
1991	186,861	82,405	184,870	9,263
1992	221,966	82,306	219,974	10,856
1993	233,524	83,574	231,531	11,285
1994	254,659	92,455	252,665	12,175
1995	276,723	90,310	274,728	13,115
1996	289,908	88,038	287,912	13,614
1997	300,770	83,502	298,773	13,955
1998	277,078	90,341	275,080	12,692
1999	301,009	106,200	299,010	13,712
2000	328,205	106,742	326,205	14,906
2001	295,713	122,211	293,712	13,401
2002	303,090	161,656	301,088	13,716
2003	312,760	206,632	310,757	14,197
2004	341,977	241,738	339,973	15,503
2005	366,837	253,290	364,832	16,449
2006	378,381	266,148	376,375	16,911
2007	395,141	270,311	393,134	17,596
2008	402,140	291,707	400,132	17,833
2009	379,419	348,198	377,529	16,901
2010	432,106	382,005	430,149	19,175

資料來源：貿易——經濟部國際貿易局；外匯——中央銀行；GDP、GNP——行政院主計處

參考書目

●走過關鍵年代：汪彝定回憶錄，汪彝定著，商周文化公司，1991年

●偎檻集——汪彝定談社會紀律與國家發展，汪彝定著，經濟與生活出版公司，1984年

●但求無愧我心——尹仲容傳，邱七七著，近代中國出版社，民77年

●嚴前總統家淦先生哀思錄，編纂小組，行政院新聞局，民83年

●石油一生：李達海回憶錄，李達海口述、鄧潔華整理，天下文化出版公司，1995年

●李國鼎的一生，李國鼎先生紀念活動推動小組編輯，李國鼎科技發展基金會、台灣李國鼎數位知識促進會，民93年

●我的臺灣經驗：李國鼎談臺灣財經決策的制定與思考，李國鼎口述、劉素芬編著，陳怡如整理，遠流出版公司，2005年

●李國鼎口述歷史：話說臺灣經驗，康綠島著，卓越文化公司，1993年

●孫運璿傳，楊艾俐著，天下雜誌，1989年

●懷念孫運璿，丘秀芷主編，天下遠見出版公司，2007年

●我所認識的孫運璿：孫運璿八十大壽紀念專輯，丘秀芷主編，孫璐西出版，民82年

●我們要走出去——魯肇忠回憶錄，魯肇忠口述，周邦貞執筆，玉山社出版公司，2007年

●閱讀蕭萬長，楊孟瑜，天下遠見出版公司，2000年

●總統的大玩偶——蕭萬長前傳，林朝和，亞細亞出版社，1997年

●七個印記——蕭萬長和台灣起飛的故事，連蕭全國競選總部後援會，2000年

●一加一大於二——邁向兩岸共同市場之路，蕭萬長，天下遠見出版公司，2005年

●治國——台灣贏的新策略，馬英九、蕭萬長，城邦文化公司，2007年

●見證台灣——蔣經國總統與我，李登輝筆記、李登輝口述歷史小組編著，允晨文化公司、國史館，

2004年
- 李登輝執政告白實錄，鄒景雯採訪整理，印刻出版公司，2001年
- 世紀首航——政黨輪替五百天的沉思，陳水扁著，原神出版社公司，2001年
- 行政院蕭院長86言論選集，行政院新聞局，民87年
- 行政院蕭院長87言論選集，行政院新聞局，民88年
- 行政院蕭院長88–89年言論選集，行政院新聞局，民89年
- 蕭副總統萬長先生97年言論選集，行政院新聞局，民98年
- 蕭副總統萬長先生98年言論選集，行政院新聞局，民99年
- 台灣經濟的浴火重生，于宗先、王金利，聯經出版公司，2010年
- 專業治國——為下一代打造台灣的太平盛世，蕭萬長，天下遠見出版公司，2008年
- 致台灣的頭家——影響你我前途的國家政策，魏啓林等編纂，行政院研究發展考核委員會，2000年
- 揭開致富面紗：臺灣經濟發展史略，陳添壽、蔡泰山，立得出版社，民95年
- 預測台灣大未來——投資台灣，笑傲全球，愷特（蔡愷），知青頻道出版公司，2007年
- 李光耀治國之鑰，韓福光、華仁、陳澄子合著，張定綺譯，天下遠見出版公司，1999年
- 臺灣史——100件大事（上、下），李筱峰，玉山社出版公司，1999年
- 世紀災變之借鑑與啓示——921十周年論壇論文集，彭百顯等，財團法人新社會基金會，2009年
- 台灣災難的歷史紀錄——我的921經驗，彭百顯，財團法人新社會基金會，2009年
- 兩岸交流政策與法律，許惠祐，華泰文化公司，2007年
- 兩岸經貿之政治經濟分析，蔡學儀，新文京開發出版公司，2003年
- 國際貿易原理與政策，黃仁德，三民書局公司，1994年

國家圖書館出版品預行編目資料

據實側寫蕭萬長 / 吳豐山作. -- 初版. -- 臺北市 : 遠流, 2012.06
面 ; 公分. --（綠蠹魚叢書 ; YLC65）
ISBN 978-957-32-6981-6（平裝）

1.蕭萬長 2.臺灣傳記

783.3886 101007047

綠蠹魚叢書 YLC65

據實側寫蕭萬長

作　者 吳豐山
主　編 吳家恆
編輯協力 郭昭君
校　對 林添貴
封面攝影 謝孟雄
書名頁題字 王如之
圖文整理 張雅敏
設　計 霍榮齡
美術編輯 霍榮齡 設計工作室 林美君
內文照片提供 總統府 行政院新聞局 經濟部 經濟建設委員會
中央社 中國時報 自由時報 聯合報系 朱俶賢 陳敏明 汪益

發行人 王榮文
出版發行 遠流出版事業股份有限公司
地　址 台北市100南昌路二段81號6樓
電　話（02）2392-6899
傳　眞（02）2392-6658
郵　撥 0189456-1

著作權顧問 蕭雄淋律師
法律顧問 董安丹律師
印　刷 中原造像股份有限公司
2012年6月1日 初版一刷
行政院新聞局局版臺業字第1295號
ISBN 978-957-32-6981-6
新台幣定價380元（缺頁或破損的書，請寄回更換）

ylib 遠流博識網
http://www.ylib.com
E-mail: ylib@ylib.com